やさしいスチューデントトレーナーシリーズ
1

# スポーツ社会学

社団法人
メディカル・フィットネス協会 監修

八木田恭輔 編

土岐一成
安部惠子
笠原良亮
山口典孝

嵯峨野書院

## 監修にあたって

　文部科学省では，平成6年度より日本体育協会公認の「アスレティック・トレーナー」の資格認定試験を行っております。現在，約500名がこの資格認定者として活躍していますが，資格取得の合格率は20％前後と低く，難易度が高いものであります。

　そのため，メディカル・フィットネス協会は，多くの地域スポーツ現場で活躍する人材を育成するため，また，アスレティック・トレーナーを取得するための基礎的な知識として「スチューデントトレーナー」という資格認定制度を作成しました。メディカル・フィットネス協会認定スチューデントトレーナーとは，スポーツトレーナーとしての専門的な知識，技術を習得した指導者に与えられる資格であり，トレーナー活動を通じて幅広くスポーツ選手のサポートをするのに必要な資格といえます。

　本書は，スチューデントトレーナー認定試験の内容に準拠し，それぞれの分野に精通しておられる大学教授の先生方に編集をお願いし，①スポーツ社会学，②スポーツ心理学，③スポーツ生理学，④スポーツ医学，⑤スポーツ栄養学，⑥スポーツ指導論，⑦アスレティック・リハビリテーション，⑧コンディショニング，⑨テーピング，⑩スポーツ傷害と応急手当の全10巻に取りまとめたものです。

　21世紀は予防医学，健康管理の時代であり，メディカル・フィットネス協会はこの課題に対し，現在，①市町村，職場，学校等の健康増進プログラムに対するサポートとしての「健康支援事業」，②健康ケアトレーナーおよびスチューデントトレーナーの資格認定などを行う「教育事業」，および③社会人・大学・高等学校・中学校等のスポーツ系クラブへの指導者の派遣などを行う「スポーツ事業」を，特に健康づくりと支援体制に必要な人材養成を重点的に推進しています。

　最後に本書がこれらの方々に広く活用され，スポーツの発展に役立てられることを期待しています。

2002年4月1日

社団法人　メディカル・フィットネス協会

# は じ め に

　近年，スポーツは社会現象としてわれわれの日常生活にかなりの影響を与えると同時に，オリンピックやワールドカップなど国際的な事象として高い関心を集めている。すなわち，スポーツトレーナーとして現場で活躍するにあたっては，スポーツを単に身体活動とそれに付随する身体的・精神的効果をもたらすものとしてとらえるのではなく，スポーツのもつ社会的・文化的意義を検討することが重要となる。

　本書は5つの章によって構成されている。すなわち第1章では，現代スポーツの立場から社会体育の基本的な考え方について述べている。第2章では，現代社会の中でのスポーツのもつ役割について，現代社会におけるスポーツ活動の意義，その移り変わり，商業主義とスポーツについて説明を行っている。第3章では，わが国におけるスポーツ活動を文化として捉えることにより，現在までの推移とその特徴，実際にどのように文化として貢献しているかについて示すとともに，諸外国におけるスポーツ文化について検討を行った。第4章では，スポーツ集団のさまざまな組織構造とリーダーシップについて，またこれから望まれるスポーツ集団のありかたについて述べている。第5章では，地域とスポーツ活動の現状と，地域スポーツ活動が発展するための条件および課題について問題提起を行い，求められるスポーツ指導者像やプログラムについて具体的に論の展開を行った。

　本書は「スチューデントトレーナーシリーズ」全10巻のうち，スポーツを社会的・文化的にとらえ，スポーツトレーナーの立場から現代社会の中でのスポーツの必要性と今後の展開について取りまとめたものである。

　本書がスポーツトレーナーとして「スポーツ社会学」を学ぶ上で，楽しく分かりやすく学習できる手助けになれば幸いである。

2002年4月1日

八 木 田 恭 輔

## ● 目　次 ●

監修にあたって …………………………………………………………… i
はじめに …………………………………………………………………… iii

### 第1章　社会体育の基本的な考え方　　　　　　　　　　　　　　　1

　　ま　と　め ……………………………………………………………4

### 第2章　スポーツと社会　　　　　　　　　　　　　　　　　　　　5

　**1** スポーツと社会特性 …………………………………………………5
　　（1）　現代スポーツの特徴　(5)
　　（2）　前近代社会のスポーツ　(7)
　　（3）　近代社会のスポーツ　(7)
　　（4）　現代社会におけるスポーツの意義　(9)
　**2** スポーツと人間関係 …………………………………………………10
　　（1）　スポーツ参与の概念　(10)
　　（2）　スポーツ的社会化　(11)
　　（3）　スポーツへの社会化　(12)
　　（4）　スポーツによる社会化　(13)
　　（5）　スポーツへの再生社会　(13)
　　（6）　日本人のスポーツ参与　(14)
　　（7）　生涯学習　(14)
　　（8）　生涯スポーツの意義　(15)
　**3** 商業主義とスポーツ …………………………………………………16
　　（1）　商業としてのスポーツ　(16)
　　（2）　五輪憲章の役割　(17)
　　（3）　ロサンゼルス五輪とユベロス　(20)
　　（4）　企業のスポーツ進出　(21)
　　（5）　放映権料　(22)
　　（6）　商品としての選手　(23)

まとめ ················································································· 24

## 第3章　スポーツと文化　26

### 1　スポーツ文化の特性 ································································· 26
　　　（1）　スポーツ文化の位置づけ　(26)
　　　（2）　スポーツの文化的特性　(26)

### 2　スポーツ文化の実際 ································································· 28
　　　（1）　スポーツ観　(29)
　　　（2）　スポーツ規範　(30)
　　　（3）　スポーツ技術とスポーツ戦術　(35)
　　　（4）　スポーツ物的事物　(35)
　　　（5）　スポーツをめぐる諸問題とスポーツ指導の文化的課題　(36)

### 3　諸外国のスポーツ文化 ····························································· 37
　　　（1）　イギリスのスポーツ文化　(37)
　　　（2）　アメリカのスポーツ文化　(40)
　　　（3）　ドイツのスポーツ文化　(44)
　　　（4）　フランスのスポーツ文化　(46)
　　　（5）　ロシアのスポーツ文化　(47)
　　　（6）　中国のスポーツ文化　(48)

　　　まとめ ················································································· 52

## 第4章　スポーツと組織活動　54

### 1　スポーツ集団の形成・構造・機能 ············································ 54
　　　（1）　集団とは　(54)
　　　（2）　望ましいスポーツ集団とは　(54)
　　　（3）　スポーツ集団に必要な機能とは　(55)

### 2　スポーツとリーダーシップ ······················································ 57
　　　（1）　スポーツ集団におけるリーダーシップ　(57)
　　　（2）　リーダーシップのタイプ　(58)
　　　（3）　効果的リーダーシップのとり方　(60)

### 3　これからの社会体育指導 ························································· 63

　　　　（1）これからの社会体育指導に向けて　（63）

　　　　（2）これからの政策理念　（64）

　　ま　と　め ………………………………………………………………67

## 第5章　地域とスポーツ活動　　68

　　**1** 地域スポーツ活動の発展 ………………………………………68

　　　　（1）地域スポーツの活動　（68）

　　　　（2）スポーツの新しい流れ　（71）

　　**2** 地域スポーツクラブの現状と今後の課題 ……………………73

　　　　（1）スポーツクラブと地域スポーツクラブ　（73）

　　　　（2）地域スポーツクラブとその分類　（73）

　　　　（3）総合型地域スポーツクラブの考え方　（74）

　　　　（4）地域スポーツクラブと今後の課題　（75）

　　**3** 地域スポーツを推し進める人たち ……………………………79

　　　　（1）指導者に今求められているもの　（79）

　　　　（2）地域スポーツを支える指導者　（84）

　　**4** 地域スポーツ活動とそのプログラム …………………………85

　　　　（1）地域スポーツのプログラム　（85）

　　　　（2）プログラム指導の実際　（88）

　　ま　と　め ………………………………………………………………96

　　重要語句集 ………………………………………………………………99

# 第1章 社会体育の基本的な考え方

　現代のわが国における社会構造や生活構造の特質が，スポーツのもつ競技的な要素のみならず，楽しみ（プレー）としてのスポーツ本来の多面的な機能の重要性をますます高めている。

　しかし，日本の体育，およびスポーツは世界の諸外国とは異なった形式で発展してきた。今日，わが国の社会におけるスポーツ活動は，昭和24（1949）年に制定された「**社会教育法**」をもとに文部科学省が管轄し，主に「**社会体育**」という言葉でわが国特有の用語概念として浸透してきた。また，表1-1に示されている**組織的な教育活動**には，以下のような3つのスタイルがある（表1-2）。

> 社会教育法
> 社会体育
> 組織的な教育活動

● 表1-1 ● 社会教育法：社会教育の定義より

> 学校の教育課程として行われる教育活動を除き，主として青少年及び成人に対して行われる組織的な教育活動（体育及びレクリエーション活動を含む）

● 表1-2 ● 組織的な教育活動

> ・国，都道府県，市町村などが中心となり，主として公費を使って行う公的（Public）な社会教育（体育）活動
> ・法人格をもつ団体が，広く一般の福祉をめざして行う半公共的（Semi Public）な社会教育（体育）活動
> 　（例）日本体育協会等
> ・民間団体（営利団体を含む）が，私的（Private）な立場で行う社会教育（体育）活動

　今日では，これらの**健康教育（体育）**活動を，教育（体育）という公的な社会的責務と関連させて，公的な教育活動に限定してとらえる考え方と，他方では，**生涯学習論**の立場から，人生のそれぞれの段階におけ

> 健康教育（体育）
> 
> 生涯学習論

る自発的学習機会を保証するためのさまざまな取り組み（私的なものを含む）など，広狭二様の立場がある。

　では，日本の「社会体育」の時代的推移に対して，諸外国の場合はどうであったのだろうか。欧米では，この「社会教育」に相当する言葉として，**成人教育**，**継続教育**，**生涯教育**などの用語が用いられており，これらは，レジャー教育の一環として，自発的・自主的学習論に裏づけされた教育問題として取り上げられてきた。また，生活文化としてのスポーツへの社会的対応と関連して，**生活福祉論**の立場からも幅広く取り組まれてきたのが特徴的である。

　実際，わが国においてもこのような欧米の生涯学習・スポーツの考え方や運動の影響を受け，今日の**生涯学習（スポーツ）**の振興(しんこう)は，行政各機関と民間のスポーツ団体などがお互いに連携や協力体制をとりあい，それぞれの役割を果たしながら，時代と共に「社会体育」は大きな変化を遂げてきた。この数十年間における，高齢化，技術革新，都市化の進展，国際化，生活水準の上昇，余暇時間の増大におけるレジャー社会の到来(とうらい)，ライフスタイルの多様化など，急速な社会変化にともなった問題が惹起(じゃっき)されてきた。

　これらの背景には，次のような諸点が考えられる。すなわち，個人的には，健康問題や体力問題，さらには，人間として生きていく上での生きがいをめぐる問題などが考えられ，社会的には，大衆社会的状況下での豊かなる温かい人間関係への志向性(しこうせい)，技術革新による人間疎外(そがい)を含めた新しい生活の対応技術，豊かな情報化社会における新しい生活欲求の

成人教育
継続教育
生涯教育

生活福祉論

生涯学習（スポーツ）

台頭などが考えられる。

　21世紀のスポーツのあり方を，豊かな人間形成に不可欠な「生活の中のスポーツ教育」としてとらえ，また，体系化された生涯のスポーツ活動への組織的な取り組みの必要性が大きな問題となっている。

> 21世紀のスポーツのあり方

【参考文献】
1）文部科学省監修『体育・スポーツ指導実務必携』ぎょうせい，1987年，p.97
2）臨時教育審議会「教育改革に関する第3次答申」1987年4月1日
3）粂野　豊ほか編『生涯スポーツ』プレスギムナスチカ，1977年，pp.13-16
4）ポールラングラン著，波多野完治訳『生涯教育入門』(財)全日本社会教育連合会，1971年，pp.75-76
5）ハヴィガースト著，荘司雅子訳『人間の発達課題と教育』牧書店，1958年，pp.20-21
6）経済企画庁総合計画局編『情報化社会における生涯教育』経済審議会教育文化専門委員会報告　第1部　総論，(社)経済企画協会発行，1972年
7）日本体育協会発行「アメリカ合衆国下院において司法委員会に付託された法律」アメリカのスポーツに関する法律案，1978年
8）増田靖弘「クラブの法的基礎」『月刊国立競技場』1976年
9）日本体育協会監修『C級教師・フィットネストレーナー・アスレティックトレーナー養成講習会教本　Ⅰ期』1994年，pp.13-20

## まとめ

1. 日本における社会でのスポーツ活動は，「社会体育」という固有な用語概念として諸外国とは違う形で変遷してきた。
2. 社会におけるスポーツ活動は，教育的なものと生涯学習からのものがある。
3. 21世紀のスポーツ活動は，生涯学習的観点からの組織的な取り組みが重要である。

# 第2章 スポーツと社会

## 1 スポーツと社会特性

### (1) 現代スポーツの特徴

　わが国では，戦後の経済成長に付随するかのごとく，高学歴社会と，先進諸国の人々のようにスポーツを可能にするもっとも基礎的条件と思われる経済的，時間的余裕を手にいれることができた。しかし，機械化や交通手段の発達は，これまでの生活を一変させ，**運動不足病**や**肥満**をはじめとする**生活習慣病**の低年齢化などを引き起こす結果となっている。また，高度経済成長が急激であったことから，公害・自然環境の破壊・人口の都市集中や地方の過疎化といった地域社会の問題も抱え，多くの人々が身体的なストレスのみならず，精神的ストレスを抱えるようになった。その結果，一大健康ブームが起こり，人々の価値観は仕事・物重視から生活・健康や「心の豊かさ」を求めるようになり，アクティブなライフスタイルとしてさまざまなスポーツや運動を楽しむようになった。同時に，国においても，脱産業化社会を生涯学習社会と位置づけ，高齢化社会と自由時間の対策および地域再編成や医療費抑制・福祉などの政策課題を解決する1つの方法として，スポーツ振興に力をそそぐようになった。それに伴い，スポーツの定義もかつての競技スポーツの概念をそのまま適用することが困難となり，「**見るスポーツ**」・「**するスポーツ**」など，スポーツはさまざまな形で私たちの生活の一部となっており，これが**現代スポーツ**における特徴の1つであるといえる。たとえば，プロ野球や高校野球，また大相撲やJリーグの試合を実際に観戦することは私たちの余暇の1つの過ごし方でもあり，それらをテレビや新聞で視聴することは日常生活の中ではもっともポピュラーな楽しみともなってい

> 運動不足病
> 肥満
> 生活習慣病

> 見るスポーツ
> するスポーツ

> 現代スポーツ

る。また,「するスポーツ」においても,ウォーキングをはじめゲートボールなどを楽しむ高齢者を多く見かける。こうした背景には,私たちスポーツ愛好者が安全に運動を楽しんだり,ゲームを成立させるために多くの指導者や審判・ボランティア・スポーツ団体・スポーツ産業の職員・従業者など,スポーツをプロデュースする多くの人々が存在するのである。このように,現代スポーツは私たちにもっとも身近な生活文化の1つとなっており,深くは政治・経済・教育などさまざまな領域とも密接に関連した社会的事実でもあり社会現象でもあるといえる。

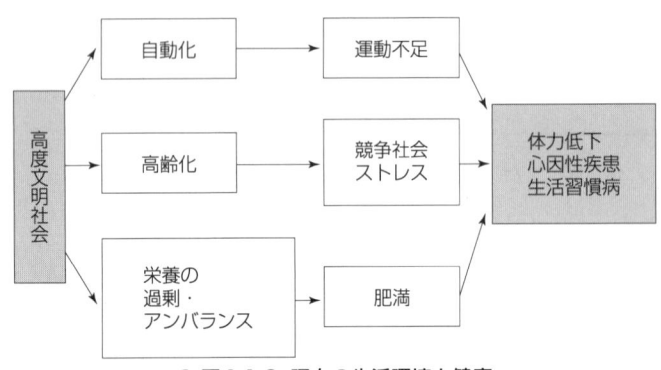

● 図2-1 ● 現在の生活環境と健康

　スポーツが現在のようにさかんになったのは,世界的には1960年ごろからであり,わが国では高度経済成長末期の昭和40年からの現象である。このように,学校体育以外にも幅広い年齢層の人々がスポーツを楽しむようになり,チャンピオンスポーツでは科学的トレーニングを取り入れ,著しい記録の向上などスポーツの高度化を生みだすことにもなった。しかし,これらのスポーツの普及,進歩と記録,技術の革新という新しいスポーツの可能性の中で,いくつかの問題が発生しているのも事実である。たとえば,スポーツ界全体の問題としては,政治的宣伝の手段としてスポーツが利用されることがある。また,テレビや企業に大会が左右され,中には放映時間に合うように試合開始時刻が決定されたり会場が決まるという状況もみられるのである。さらに,選手個人の問題としては,青少年のモデルでもあるべき一流選手の**ドーピング**,過剰な**勝利主義**,**スポーツ障害**や**早期ドロップアウト**などがあげられ,深刻な社会問題ともなっている。

　これらスポーツの危機を克服するためにも,もう一度スポーツの基本

ドーピング

勝利主義
スポーツ障害
早期ドロップアウト

的価値を重視し，1つの文化として自立するためにもスポーツの望ましいあり方や考え方を見直す必要があるといえる。一方，「スポーツは社会の縮図でもある」，あるいは「スポーツは社会を映す鏡である」といわれるように，その時代その国の社会情勢がスポーツに深く関与している。これは同じスポーツであっても，日本・アメリカ・ヨーロッパとでは競技スタイルなどが大きく異なることをみても明らかである。一般的には，欧米人にみられるおおらかな娯楽性や個人主義に対し，日本の精神主義や集団主義などは永遠の課題でもある。

このようなお国柄はもとより，スポーツに対し人々の付与する意味や価値にその社会の人々の支配的価値観・思想・生活感情などが反映されていると考えられる。逆に言えば，ある時代や社会のスポーツには何が期待され，その社会的意義は何かを知るにはその社会で流行し支持されたスポーツを分析することによって明らかにすることができるともいえる。

## (2) 前近代社会のスポーツ

**スポーツの語源**はラテン語の「deportare」とされ，その後，古代フランス語の「deporter, desporte」，中世英語「disporte」を経て，16～17世紀に「suport」という語が誕生したとされる。17世紀のイギリスでは，スポーツとは冗談や歌・踊り・トランプなどあらゆる楽しみが含まれ，野外の身体活動はその一部でしかなかった。それは，娯楽やレクリエーションと同義に使われており，今日の「スポーツ」とはまったく違ったものであった。しかも他地域との交流が少ないため，それぞれの国や地域，民族特有のものとして発展した。

## (3) 近代社会のスポーツ

イギリスでは18世紀後半から19世紀にかけての産業革命の折，**ブルジョワジー**と呼ばれる市民階級の人々により近代社会が確立した。中世紀までの娯楽やスポーツは，競争原理，能力主義を信条とする彼らの手によって大幅に改革された。特に19世紀，**パブリックスクール**において**プリーフェクト・ファギング制度**を活用した生徒の自主的な課外活動の

---

**スポーツの語源**
deportare
deporter
desporte
disporte
suport

**ブルジョワジー**

**パブリックスクール**
　イギリスの私立の全寮制中学校で，紳士の育成を特徴とするエリート学校。トマス・アーノルド校長は教育改革者として有名。

**プリーフェクト・ファギング制度**
　パブリックスクールにおける生徒による校内自治制度。上級生による下級生の監督という悪しき伝統であったが，アーノルドはこれを効果的な学内統治組織・生徒管理組織として活用した。この方法によってパブリックスクールにおけるスポーツは大きく普及・発展した。

中で，スポーツは性格形成のための手段として容認され組織化されると共に，アメリカ，西ヨーロッパへとひろがったのである。

このように近代スポーツは近代社会のリーダーであったブルジョワ階級の思想を携えたスポーツとして誕生したのである。

### 1） 競技スポーツの特徴

アメリカの**アレン・グートマン**によれば，現代スポーツは世論化・平等化・専門化・合理化・官僚化・数量化・記録化という7つの特徴をもつという。

アレン・グートマン

また，**ジレ**の定義するスポーツは「遊戯・競争・激しい肉体活動」という3つの要素を含む活動であるとしているが，エドワーズはさらに「現代スポーツは，競技と同意語であり，もはや遊戯とは接点をもたない」と，今日のシビアな競技スポーツを定義している。

ジレ

日常語であるスポーツを定義することは困難であるが，スポーツがどのような活動をさすのか，社会的にどのように位置づけられているかという点からスポーツを定義している。

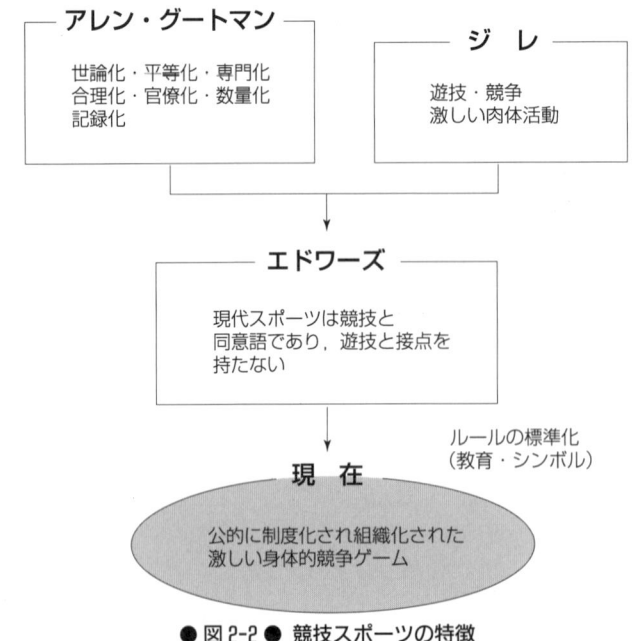

● 図2-2 ● 競技スポーツの特徴

## 2） ゲームとしてのスポーツ

**ゲーム**とは「その結果が，身体的技能・戦略・あらゆる形態の楽しい競争」と定義されるが，スポーツはこの中で「たくわえた身体的技能」を必要とするゲームである。

> ゲーム

## 3） 制度化されたゲームとしてのスポーツ

スポーツは形式化され，標準化されることによって同じ様式で常にくり返すことができなければならない。この過程を**スポーツ制度化**とよぶ。

> スポーツ制度化

ルールが公的に標準化されることがその第1条件であるが，その過程の中でシンボル，教育といったさまざまな側面でスポーツは変容し，秩序化されていく。**競技スポーツ**は「公的に制度化され組織化された激しい身体的競争ゲーム」と定義できる。

> 競技スポーツ

### （4） 現代社会におけるスポーツの意義

スポーツの意義を再確認し，新しい世紀に向けてのスポーツのために「**第8回ヨーロッパ・スポーツ閣僚会議**」が1995年5月にポルトガルの首都リスボンで開催された。「健康（health），社会化（socialization），経済（economy）」の3つのキーワードがあげられ，「現代社会におけるスポーツの意義，**リスボン宣言**」が全会一致で採択された。その内容を以下に示した。

> 第8回ヨーロッパ・スポーツ閣僚会議

> リスボン宣言

① スポーツは社会の健康と福祉の向上を図る。
② スポーツは，すべての人々に対して，教育と社会化の重要な物としての機能を果たし，個人の楽しみ，社会的関係，融合の貴重な機会を提供する。
③ スポーツはもっとも自発的な団体活動として，活力ある市民による民主社会の発展と維持に寄与する。
④ スポーツはヨーロッパ諸国の経済活動に今後ますます重要な役割を果たし経済発展の可能性を秘めている。
⑤ スポーツはわれわれの社会にとって欠くことのできないパートナーであり，今後の政策決定，特に健康，社会，経済政策に関連する分野において不可欠の要素として重視するべきである。

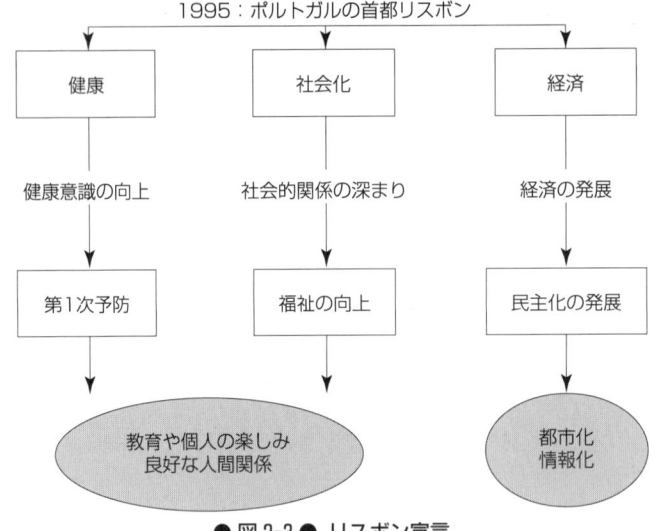

● 図 2-3 ● リスボン宣言

　このような現代社会におけるスポーツの意義を再確認する「リスボン宣言」が採択された背景には，各国共に**少子高齢化**による人口構造の変化，都市化，情報化による社会の急激な変化に対応するためであり，スポーツの振興が1つの重要な政策課題であるという認識が高まってきたからであり，今後ますます重視されるであろう。

少子高齢化

## 2 スポーツと人間関係

### (1) スポーツ参与の概念

　人がスポーツと関わりあうことを**スポーツ参与（Sport Involvement）**という。一般にスポーツとの関わりには，実際にスポーツを行ったり，観戦するという**スポーツ参加（Sport Participation）**が考えられるが，参与はもっと広い概念であり，行動的な次元，認知的な次元，性向的・感情的・評価的な次元が考えられる。
　行動的な次元でのスポーツ参与とは，スポーツをすること・見ること・つくること，すなわちさまざまなスポーツ上の社会的役割を演じること

スポーツ参与
　（Sport Involvement）

スポーツ参加（Sport Participation）

● 表 2-1 ● スポーツ参与の直接的・間接的様式に関係する社会的役割

| 様式 | 直接的 | 間接的 | | | | |
|---|---|---|---|---|---|---|
| | | 消費者 | | 生産者 | | |
| | | 直接 | 間接 | リーダー | 判定者 | 企業家 |
| 役割 | 競技者 運動選手 プレーヤー | 観衆 | 視聴者 聴取者 読者 | インストラクター コーチ マネージャー チームリーダー | スポーツ総括団体のメンバー ルール委員会の委員 レフェリー アンパイヤー 他の競技役員 | 製造業者 プロモーター 卸売業者 小売業者 |

出典：ケニヨン『スポーツと文化社会』中央法規出版, 2000年, p. 59

少年少女空手教室での練習風景

である。**ケニヨン**（G. S. Kenyon）は，表2-1のように**直接的参与**と**間接的参与**（消費的参与，生産的参与）に分けている。

**認知的スポーツ参与**とは，スポーツに関するさまざまな情報について学習すること，あるいはそれらの情報をどの程度知っているかということである。スポーツ情報には，スポーツの歴史やルール，試合結果や記録，あるいはチームや選手個人の情報など多様なものが考えられる。それらの大半はマスコミを通して得られるが，ある意味作られた情報であることも注意するべきであろう。

性向的, 感情的あるいは**評価的な次元**とは，スポーツやスポーツ種目，あるいはチームや選手に対するさまざまな好みや感情，評価を，またその結果としての包括的なスポーツ信条を指す。スポーツ参与のこれら3つの次元は当然のことではあるが，互いに関連し強化しあっている。

ケニヨン
直接的参与
間接的参与
認知的スポーツ参与

評価的な次元

### (2) スポーツ的社会化

**社会化（socialization）**とは，人間が社会の模範や価値，行動様式などを学習し，社会に適応していく過程をいう。人は生まれるとともに，さまざまな人との関係の中で，社会的経験や学習をし，またしつけや教育を受け，社会の文化を身につけると共に（**文化化：enculturation**），社会的な役割を取得していくものであり，人の性格形成にとって社会化は大変重要なものである。

スポーツの領域にこの社会化の概念を適用したケニヨンは，**スポーツ的社会化**には，スポーツに関わる社会的役割を獲得していく過程，すなわちスポーツとの関わりをもつようになる過程（**スポーツへの社会化：**

社会化
（socialization）

文化化
（enculturation）

スポーツ的社会化

スポーツへの社会化

socialization into sport）と，スポーツを通してより一般的な社会的価値や態度，技能などを身につけていく過程（**スポーツによる社会化**：socialization by sport）の2つを指摘している。

> スポーツによる社会化

### (3) スポーツへの社会化

スポーツへの社会化，特にある個人がどのようにしてスポーツを行うようになるのかという直接的スポーツ参与に関しては，次のような仮説とモデルが考えられている。「性・年齢・社会的地位・学歴など多様な属性を持つ個人が，学校・家庭・地域社会・仲間集団など社会的環境において，家族・友人・教師などの重要な他者によって影響され，スポーツを行うようになる」。このように，**個人的属性**（personal attribute），**社会化の状況**（socialization situation），**重要なる他者**（significant others）の3つの要素を用い，スポーツへの社会化研究はさかんに行われている。たとえば，社会化の状況と重要なる他者との関連では，次のような仮説がたてられる（図2-4）。

> 個人的属性
> 社会化の状況
> 重要なる他者

① 両親のスポーツ参加やその関心が高いほど，子どものスポーツへの社会化程度は大きい。
② 学校の価値体系の中でスポーツの位置が高いほど，生徒のスポーツへの社会化に果たす役割は大きい。
③ 仲間からの積極的な承認やはげましが大きいほど，スポーツ参与は深まる。

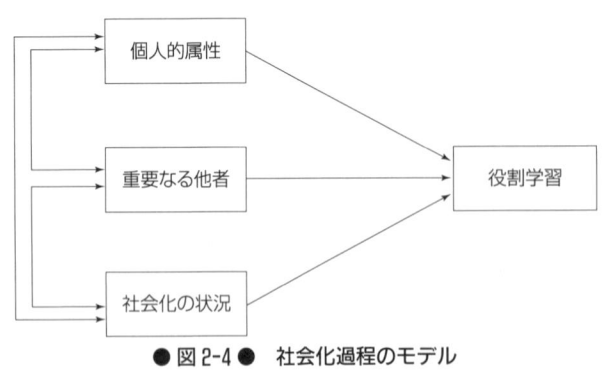

● 図2-4 ● 社会化過程のモデル

## （4） スポーツによる社会化

　スポーツによる社会化とは，個人がある特定のスポーツ役割を遂行する中で獲得される成果が問題とされる。教育とは単なる個人の育成作用ではなく，個人を所属する社会に適応させる指導過程ともいえる。このように考えると体育，身体活動もスポーツによる社会化過程といえる。そこで，学校体育では次のような社会化作用を期待できる。

① 心身の健全な発育発達と体力の向上＝身体面での社会化

② 運動技能の獲得＝運動面での社会化

③ 公明正大な態度や責任感，協調性等の望ましい社会性の発展＝精神面での社会化

　しかし，スポーツマンシップや望ましい社会性等の形成という「スポーツによる社会化」に関しては，検証が難しくあまり実証されていない。

　これらの成果が果たしてスポーツによって身についたのか，あるいはスポーツをする以前にすでに身につけていたのかを明らかにするのは困難である。

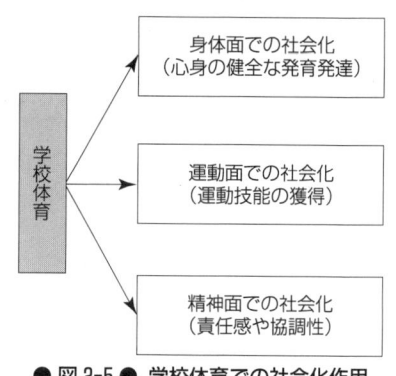

● 図2-5 ● 学校体育での社会化作用

## （5） スポーツへの再生社会

　**スポーツへの再生社会**とは，一時的なスポーツからの離脱から再びスポーツに参与することや他のスポーツへ移行すること，選手から指導者へ役割を変えることなどを指す。また，**スポーツドロップアウト**とは，興味や価値の方向転換によるスポーツからの離脱を意味する。そして，これが長期にわたるストレスによって起こる心理的，情緒的，身体的消耗を伴う場合，**スポーツバーンアウト（燃え尽き症候群）** とよぶ。

　スポーツドロップアウトの原因に関しては，過度の勝利至上主義や，厳しすぎる練習，人間関係などがあげられる。スポーツバーンアウトに関しては競技以外に楽しみをもたないがんばり屋が多いといわれている。バーンアウトに陥ると生活すべてにわたり「生きる意味」を喪失し精神疾患や自らを自殺に追い込むことにもなりかねない。

スポーツへの再生社会

スポーツドロップアウト

スポーツバーンアウト
（燃え尽き症候群）

指導者はさまざまな条件を早期に把握し，解消するべく手助けをすることが重要となる。また，選手自身も**アイデンティティ**を確立する必要がある。

> アイデンティティ

## (6) 日本人のスポーツ参与

昭和40年代後半からわが国のスポーツ参与者は確実に増加している。その原動力となったのは，従来スポーツにあまり縁のなかった女性と中高年齢者であるといえる。生活の中に運動やスポーツが定着しているかどうかという意味からは，週に1日以上運動やスポーツを行う定期的スポーツ参与者が大切であるが，これも3年前から増加し，その比率は高齢者ほど高くなっている。次に，実施種目をみるとウォーキングや体操，ボウリングなど健康を目的とした手軽なものが上位にあげられている。また，クラブ，同好会への加入状況は，ここ15年間ほとんど変化はみられない。生涯スポーツの質を高めるには「継続性」とともに「組織性」が重要であるとされている。

## (7) 生涯学習

現在，わが国でも多くの人々がスポーツを楽しみ健康づくりや仲間との親睦を図っている。このスポーツ参与を生活文化として定着させるためにも，**生涯スポーツ**として，また，**生涯学習**の一環として考える必要がある。

> 生涯スポーツ
> 生涯学習

1981年の**中央教育審議会**では，生涯学習について「自己の充実，啓発や生活の向上のため自発的意思に基づき，必要に応じて自己に適した手段，方法を自ら選んで生涯を通じて行う学習」と定義している。つまり，これまでの学校教育などを中心とした公的教育ばかりでなく生まれてから死ぬまで，そしてどのような所でも人間は学習ができ，またそうする必要があるという考えである。

> 中央教育審議会

この背景には，所得水準の向上や自由時間の増大，高学歴化や高齢化の進行に伴い人々の学習意欲が高まっていることに加え，科学技術の高度化や情報化，国際化の進展により，絶えず新しい知識や技術を習得する必要が生じてきたこともあげられる。

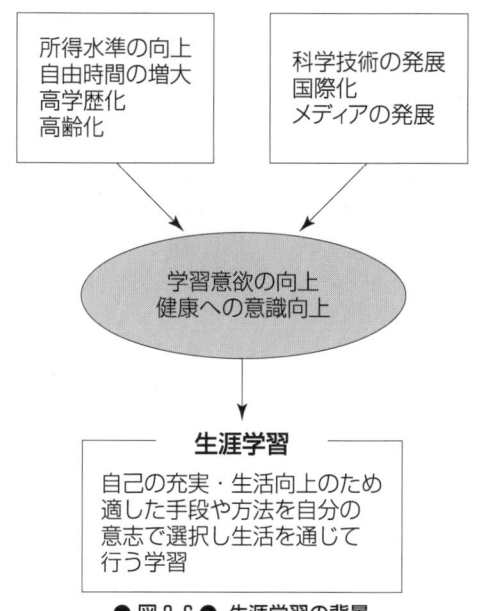

● 図2-6 ● 生涯学習の背景
資料：中央教育審議会

　そこで，これまでの学校を中心とした教育制度，教育体系から，より「開かれた」生涯学習への再編成が問われてきたのである。学校教育もこの流れの中で，学習者の視点にたった生涯学習の考え方に重点をおき，個性の重視や生涯学習体系への移行，対応を強調している。

　この生涯にわたる学習ということに理論的な根拠を与えてくれるのが**エリクソン**に代表される発達課題論である。「人生の各段階には，それぞれ学習し身につけることが期待される固有の課題があり，その課題の達成が適切でなければ，それに関する発達も期待されず，その時期やその後の時期における心身の健康的な生活にも支障をきたすことになる」という理論である。生涯学習の基本は1人ひとりの学習への意欲である。人々が生涯にわってスポーツを含めた学習に積極的に取り組むというライフスタイルの確立が重要である。

エリクソン

## （8）　生涯スポーツの意義

　生涯スポーツの目的の1つは人生をより豊かにし，充実した生活を送ることであり，その意味でもスポーツは生涯学習の重要な柱ともなっている。

　スポーツには，理念として個人的にも社会的にも多くの役割や意義が

レクリエーションを楽しむ学生　　ゲートボールを楽しむ中高齢者

期待されている。それらは，人間形成として，レジャー活動として，人間関係の潤滑油としての役割や意義である。

# 3 商業主義とスポーツ

## (1) 商業としてのスポーツ

　「商業」という言葉を調べると「商品の売買によって，財貨(ざいか)の転換の媒介をし，利益を得ること」とある。つまり，「**商業主義**」は「利益を得る」ことを，第1の目的としているのである。

商業主義

　現代のスポーツ界は「商業主義」を抜きにして語れないのは周知の事実である。スポーツを行うことによって得た「利益」を選手強化に使うか，あるいは団体の運営や宣伝に使うかなどはさておき，「**金儲け**」を抜きにして現代スポーツは存在し得ないのである。

金儲け

　選手にしてもオリンピックで好成績を上げた者は英雄でありスターである。その名声を宣伝のために使って企業はテレビに出演させたり，講演会を開き，選手に莫大な報酬を与えるのである。「お金儲けをしたいからスポーツ選手になる」といっても誰も不思議がらないのが現代である。

　とはいうものの，日本では長い間，走ったり泳いだりするのにお金を

払う習慣はなかった。ましてやスポーツでお金儲けなどとんでもなかったのである。だがスポーツには原則としてお金が必要である。趣味でスポーツを行う場合でも，用具や競技場の借り賃，コーチ料などがかかる。

また，同好会を存続させようと思えば会費を集めなくてはならない。競技レベルが上がれば上がるほど，さらに競技力をつけるためにトレーニングにお金がかかる。今やコーチは立派な職業なのである。また，同じスポーツを行っても，プロはお金が入るがアマチュアは逆にお金を出すといった傾向がある。

競技団体がスポーツ大会を開くのも大変で，連絡費・宣伝費・役員費などにお金がかかる。1896年，**第1回オリンピック大会**をアテネで開催したとき，**クーベルタン**も運営経費の捻出に苦労し，ギリシャの大富豪からの援助で開催することができたと記録に記している。初期のオリンピックのように小規模の大会でも，お金なくしては開催することはできなかったのである。「どこからどのようにして運営にかかるお金を調達するか」，これは，特に20世紀以降，さかんに行われるようになった各競技の世界選手権やオリンピックなどの大会でいちばんの悩みでもあった。

競技会を運営する理想の形は入場料収入ですべての経費をまかなうことであろう。しかし，よほど人気のあるスポーツでない限りこれは不可能である。結局，資金的に期待できるのは政府からの援助，企業からの寄付である。こんな状態であったから，ヒトラーの大会ともいわれた1936年のベルリン五輪のように，政府丸抱えの中で宣伝に利用され，政治権力が目立つ大会が生まれてきたのは当然の成り行きともいえる。

第1回オリンピック大会

クーベルタン

## （2）五輪憲章の役割

第2次大戦後1952年の**ヘルシンキ五輪**は，戦争による疲弊の中で行われ，大会当局は資金集めに苦しんだが，すべて市民の寄付によって賄われた。規模は小さかったが，つつましく心暖まる大会ともいえる。

しかし，開催国の「前大会に負けないよう，大きくて華やかな大会を」という国家の虚栄心(きょえいしん)が，回を追うごとにオリンピックを肥大化させていったのである。それとともにますますお金がかかるようになり，多数のスポンサーを探さなくては開催することができないのが現状である。

ヘルシンキ五輪

このような競技大会の費用調達にあたって，大企業の「運営費用を寄付したい」という動きは早くからあったが，長い間スポーツの模範ともいうべき**五輪憲章**の「**アマチュア条項**」が商業主義の前に大きく立ちはだかり，介入を阻止していた。

　ミスターアマチュアといわれたオリンピック第5代会長の**アベリー・ブランデージ**が1962年に五輪憲章のアマチュア条項をまとめた。本文の条項によれば（26条），アマチュアとは現在においても過去においても，趣味嗜好からスポーツに専念し，それによってなんらかの物質的な利益を得ない者をいう。次の場合はアマチュア資格を有し得ない。

① 現在および将来の生活を保証する基礎となる収入源を持っていない場合。

② スポーツに参加することによって報酬を受けたことがある場合。また，現在それを受けている場合。

③ それぞれの国際競技連盟の諸規定，および本条の公式解釈に合わない場合。

とあり，数ページにわたる公式解釈で，いろんな実例をあげて違反行為を厳しく取り締まった。

　「**にせアマチュア**」という箇所では，「競技の才能があるために，政府・教育機関あるいは実業界から補助金を支給されている者はアマチュアではない。実業界では往々にして広告価値のためにスポーツ選手を採用する会社がある。このようにして採用された選手は，給料をもらうがほとんど業務につかず，自由に練習し，終始試合に出場している。また，大学では，優秀な選手には高額の奨学金や各種の特権を提供することがある。競技の才能があるだけで，これらの特別の恩恵にあずかっている者はアマチュアではない」とある。

　また，ほとんどの部分といっていいほどあらゆる箇所で「スポーツを愛するがゆえにこれを行う。スポーツから金銭的，物質的利益を得ることは許されない」というアマチュア精神が述べられている。そして最後に，再び「なにびともオリンピックから利益を得ることは許されない。（中略）**IOC**は個人であろうと，国であろうと，オリンピックから政治的，商業的利益を得ることは断じて許さぬ決意をそそいでいる」と強く

---

五輪憲章
アマチュア条項

アベリー・ブランデージ

にせアマチュア

IOC
　国際オリンピック委員会

述べている。

　当時はこの憲章がある限りすべてのスポーツ関係者は，競技会が商業主義の広告や宣伝に利用されることを拒否せざるを得なかったであろう。だが，やがて理想と現実の間に矛盾が生じ，時代の流れと共にこの条文ではとうてい処理しきれなくなったのである。かくしてブランデージが引退した後の第6代会長の**キラニン**は，憲章から「アマチュア」の文字をはずすといった革命的な改革を行ったのである。

　それでは日本で初めて開催された東京オリンピックはどのような経緯をたどったのであろうか。1964年の**オリンピック東京大会**が決まったのは1959年のバーデンバーデンで行われたIOC総会であった。

　出席したJOC会長の心配は，やはり「運営費をどう調達するか」であった。オリンピック開催にあたり民間や政府にもあまり負担をかけたくないという思いがあり，それ以上にどこからも干渉されたくないという気持ちが強くあった。当時の五輪憲章の精神からも組織委員会は入場券の売り上げと寄付金に頼るという方法をとったのである。かくして東京オリンピックは成功に終わったのである。

　さらに注目すべき点は，東京都はオリンピックを機に国の協力をとりつけ，都市改造にこぎつけたことである。東京〜大阪間の新幹線をはじめ，高速道路の建設，空港やホテル・下水道の設備など，関連事業に約1兆円を使った。「**土木オリンピック**」ともいわれ，世はオリンピック景気に沸き，ようやく「戦後は終わった」という気分にさせた。

　ブランデージは記録の中に，オリンピックに便乗して都市改造までやってのける日本人の異常なまでの熱心さに，「日本は世界有数のオリンピックカントリーだ」と記している。

　国や都の援助で開催された東京オリンピックに対し，34年後の1998年**長野冬季オリンピック**は，商魂たくましい企業による日本で初めての「**商業オリンピック**」となった。

　運営費の調達方法が大きく変わり，大きな歴史の流れを感じさせた。政府は開催決定当初から，「一切国費による援助はしない」と公表しており，最終的に運営費は入場料や放映権料と企業の協賛料によって支えられ，商業主義が長野五輪を成功させたのである。

---

キラニン

オリンピック東京大会

JOC
　日本オリンピック委員会

土木オリンピック

長野冬季オリンピック
商業オリンピック

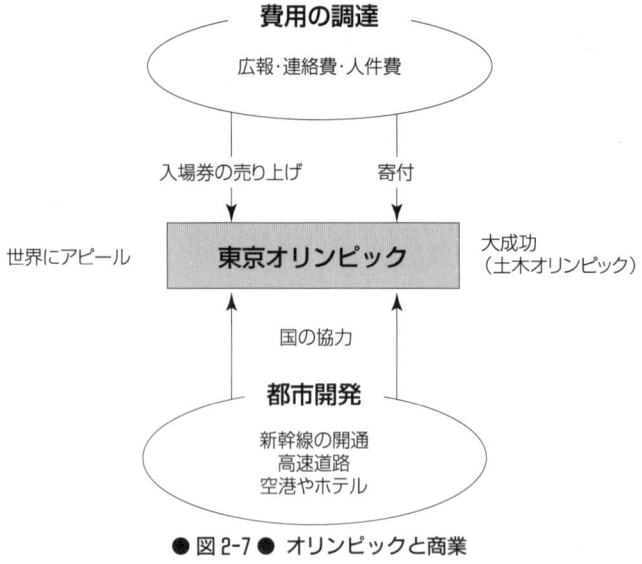

● 図 2-7 ● オリンピックと商業

### (3) ロサンゼルス五輪とユベロス

オリンピックへの商業主義介入の原型は，1984年の**ロサンゼルス大会**で組織委員会長を務めた**ピーター・ユベロス**が考え出し，これを IOC が真似する形で進んだ。

そのきっかけとなったのは，1976年モントリオール大会での10万ドルといわれた大赤字である。現金なものですっかり評判を落としたオリンピックは開催地として名乗りを挙げる国も減少し，IOC は大きな危機感をもったのである。

それを救ったのがユベロスである。彼はあまり大きくない旅行会社を経営していたが，「税金は1セントも使わぬ」ことを公約して組織委員会に入り，あらゆる手段を使って民間からの資金調達をはかった。その代償がスポンサーによる協賛金の拡大，つまり商業主義の導入であった。

これに対し，一部アマチュア主義に郷愁を抱く守旧派もいたが，「国家主義が介入して政治に左右されるよりは，商業主義の方がまし」と，歴史をくつがえすようなユベロスを容認する雰囲気をつくってしまったのである。

彼が成功した1つの要因は，スポンサーと新しい関係を作ったことである。従来のように寄付してくれるならどんな企業でも良いというので

> ロサンゼルス大会
>
> ピーター・ユベロス

はなく，スポンサーの数を少なくし安売りをなくしたことにある。つまり，独占的な契約で価格をつり上げる代わりに「1業種1社」を実行したのである。選ばれた企業には便宜(べんぎ)をはかり，その他の競合企業を徹底的に締め出した。その結果，企業間に競争心を生み，スポンサーが莫大な援助金を出さざるを得ないような雰囲気を巧みに作り出したのである。

　この戦略に，マクドナルドやゼネラルモーターズのような大企業が食いついてきた。ソ連など東欧諸国からのボイコットがあったにもかかわらず，ユベロスはロサンゼルス五輪で純益を上げたのである。

　かくしてアマチュア規則が洗い直され，ついに1974年に五輪憲章から「アマチュア」という言葉を削除することになったのである。アマチュアリズムの崩壊とともに，世界スポーツは一挙に商業化の方向に傾いてしまった。

### (4) 企業のスポーツ進出

　これらの徹底した**商業化政策**による成功をみて，IOCはさらに商業主義導入路線を一気に突っ走った。1983年，**サマランチ会長**は欧州スポーツ界に強い力を持つ**ホルスト・ダスラー**と世界最大の広告代理店，日本の電通に話を持ちかけ，スイスに本拠地を置く**ISL (International Sport and Leisure)** をつくって（出資比率はアディダスが51％，電通が49％），**TPOシステム**を考え出した。

　これは，援助してくれる多国籍企業に「**五輪マーク**」などを使用させ，世界的な規模での宣伝活動が展開できる権利を独占的に与え，代償として各社から数十億円を出させるというものであった。この戦略は，1988年ソウル五輪から始められ，4年ごとに契約された。かくして，オリンピックは，完全に商業主義と化したのである。

　オリンピックが儲かるイベントとなったことで，一転して開催したいという都市が再び増えるとともに，開催決定にあたっての招致運動は年々激化し，IOC委員を招待して名所を見物させたり，お土産をもたせたりと買収が目立つようになっているのが現状である。

　このようにIOCによって企業に金を出させることが公然と行われるようになって，企業側も行動を起こした。

---

商業化政策

サマランチ会長

ホルスト・ダスラー

ISL (International Sport and Leisure)

TPOシステム

五輪マーク

スポーツはもともと明るく健康なイメージを与えるものであり，宣伝に利用する目的としては，

① 長期的な企業のイメージアップ
② 商品の広告や宣伝および販売の促進
③ 社内における社員の士気高揚
④ 社会への利益の還元，地域との協調

などが考えられていた。

それが，アマチュア規則などという面倒なものが放棄されて，宣伝への利用が自由競争の時代に入ったのである。企業は公然とスポーツ選手を利用しはじめた。その1つが冠大会である。

**冠大会**は競技会の名前に企業名や商品名を冠するもので，プロスポーツ，特にゴルフ，テニスなどでは珍しくはなかった。また，日本では，例外的に新聞社が「**スポーツ振興**」のために金銭的・物質的な援助をし，社名を入れた競技会を主催・後援したのである。

それが，かつてアマチュアといわれた陸上競技などの競技団体までも冠大会を行い，ゼッケンに企業名を入れたり，賞金を出すようになっている。もともと新聞社が高校野球を考案し，プロ野球の球団をもち始めたのは，新聞を1部でも多く売ろうという販売促進が目的であった。

オリンピックをはじめ国際的なスポーツイベントなど「見るスポーツ」が商品化され，巨大なビジネスを生んだのも，テレビを含めたマスコミの力があったからであろう。

### (5) 放映権料

テレビの放映権料がスポンサーシップと組み，オリンピックなどスポーツ大会の資金集めの重要な柱となっているのは周知の事実である。

1984年のロス五輪は構成委員が直接テレビ局と交渉したが，次の1988年ソウル五輪は IMG (International Management Group) という国際的なエージェントが仲介した。

スポーツ界は資金を得るかわりに，視聴率をあげるため，見栄えのする試合場面を提供しなくてはならなくなった。ソウル五輪では米国のゴールデンタイムにあわせるため各種目の決勝が午前中にもっていかれ，

---
冠大会

スポーツ振興

ソウル五輪
IMG (International Management Group)

選手のコンディションは無視されたのである。

　さらに，視聴率を上げるためスポーツはプロを導入せざるをえなくなった。バスケットボールはNBA選手を，テニスはトッププロを動員，サッカーは23歳以下であるがプロ参加を認めたのである。

　また，最近ではデジタル放送や有料テレビの発達でチャンネル数が増え，放送局間の競争が激化することも予想される。

## （6）商品としての選手

　スポーツ界において売買される商品とは何であろうか。それは，「選手」であり「試合」である。選手個人にとっては能力と人気をいかに高く売りつけるか，宣伝に出ていくらもらえるか，つまり名声をいかに高く売りつけるかが大きな問題となってくる。

　プロスポーツ各種団体はもちろん，かつてアマチュアといわれたものも商品の価値を高めることによっていかに高く企業に売りつけるかが勝負である。企業に社員として雇われ勤務のかたわら，企業名の入ったユニフォームを着て試合に出て会社の宣伝に貢献する選手は，世界からも羨望の目でみられた。

　日本のスポーツは本来学校教育の中で教育として発展してきた。オリンピックなど国際大会に参加するのは，大学生などエリートが中心で，大衆はスポーツを行う機会がほとんどなかった。企業スポーツがさかんになったのは大学生が就職し会社のためにスポーツを行うという日本独特の背景があったからである。

　しかし，企業選手は数年契約がほとんどで成績が伸びないとクビ，不況になるとクラブが廃止という運命である。

　すべて企業の都合が優先し，選手は単なる消耗品といっても過言ではないのが現状である。

【参考文献】
1）池田　勝『講座・スポーツの社会科学1　スポーツの社会学』[第1版]杏林書院，1998年
2）丸山富男『スポーツ社会学ノート　現代スポーツ論』中央法規出版，2000年
3）山口泰雄『健康　スポーツの社会学』建帛社，1996年

# まとめ

1. 人々の価値観が仕事，物重視から健康や「心の豊かさ」を求めるようになり，現代スポーツは「見るスポーツ」「するスポーツ」へと変容し，生活文化の1つとなった。
2. 現在のスポーツ界は，政治的宣伝をはじめメディアや企業に左右されたり，過剰な勝利主義などの影響を受けており，その国の社会情勢が深く関与しているといえる。
3. 前近代社会のスポーツは，娯楽やレクリエーションと同義に使われており，それぞれの国や地域，民族特有のものとして発展した。
4. 近代社会のスポーツは，ブルジョワ階級の思想を携えたスポーツとして誕生し，競技スポーツは「公的に制度化され組織化された激しい身体的競争ゲーム」と定義される。
5. 1995年5月ポルトガルの首都リスボンにて「現代社会におけるスポーツの意義」(リスボン宣言)が採択された。
6. 現代社会におけるスポーツの振興は政策課題であるという認識が高くなりますます重視される傾向にある。
7. 人がスポーツと関わりあうことをスポーツ参与といい，行動的な次元，認知的な次元，性向的・感情的・評価的な次元があげられ，それらは互いに関連し強化しあっている。
8. ケニヨンは，行動的次元のスポーツ参与を直接的参与と間接的参与(消費的参与，生産的参与)に分けた。
9. ケニヨンはスポーツ的社会化を，スポーツと関わりをもつようになる過程(スポーツへの社会化)と，スポーツを通してより一般的な社会的価値や態度，技能などを身に付けていく過程の2つとしている。
10. スポーツの社会化研究では，個人的属性，社会化の状況，重要なる他者の3つの要素が重要とされている。
11. スポーツによる社会化とは，個人がある特定のスポーツ役割を遂行する中で獲得される成果であり，その中には学校体育，身体活動も含まれる。

# まとめ

12 スポーツへの再生化とは，一時的なスポーツからの離脱から再びスポーツに参与することや他のスポーツへ移行すること，選手から指導者へ役割を変えることなどを指す。

13 昭和40年代後半から，女性と高齢者のスポーツ参与が急激に増加したが，それは健康を目的とした種目がほとんどである。

14 生涯学習とは，「自己の充実，啓発や生活向上のため自発的意志に基づき，必要に応じて自己に適した手段，方法を自ら選んで生涯を通じて行う学習」と定義されている（1981年　中央教育審議会）。

15 生涯スポーツの目的は，人生を豊かにし充実した生活を送ることや人間関係の潤滑油としての役割も兼ねるものとされている。

16 競技団体がスポーツ大会を開催するには，運営費を含めた宣伝費など莫大な資金が必要となり，現在のスポーツ界は「商業主義」を抜きにしては行うことができないのが現状である。

17 ピーター・ユベロスは，スポンサーによる協賛金の拡大を行い，1984年のロサンゼルス大会でオリンピックへの商業主義介入の原型を導入した。

18 オリンピック第5代会長のアベリー・ブランデージは1962年五輪憲章のアマチュア条項をまとめ，アマチュア精神および資格を明確に示した。しかし，次の第6代会長キランが，憲章から「アマチュア」の文字をはずしたことにより，1998年長野冬期オリンピックは日本にとって文字どおりの「商業オリンピック」となった。

19 1983年サマランチ会長は，オリンピック運営を援助する多国籍企業に「五輪マーク」を使用させ，宣伝活動が展開できる権利を独占的に与え（TPOシステム），出資させるというシステムを考案した。

20 テレビの放映権料がスポンサーシップと組み資金集めを行うことになった。そのため視聴率を上げなくてはならず，プロ導入をはじめ，放送局間の競争もますます激化する結果となった。

# 第3章

# スポーツと文化

## 1 スポーツ文化の特性

スポーツ文化

### (1) スポーツ文化の位置づけ

　世間では文化活動とスポーツ活動を区別するのが普通であるが，近年，ようやくスポーツを人間の文化的な営みとして考えることが意識し始められている。それまでは，スポーツは芸術や宗教，学問等の典型的な文化とは何か異質な活動とみなされるのが一般的であった。それは近代におけるスポーツが身体活動の性格を強調したのに対し，文化においては知的・精神的活動が重視され，近代社会が精神的価値を実現する営みを文化として規定してきたからなのである。

　活発な身体活動と遊びの性格を特徴とするスポーツは，知性と精神性，神聖性を強調する文化とまったく異質なものであり，対立するものであるとみなされてきた。しかし，生産力の飛躍的な発展が人々の豊かな欲求の充足を可能にし，社会の民主化が生活の充実を求める人間の平等な権利を肯定する価値観を生み出し，文化研究が発展すると，身体と遊びを抑圧し，卑下してきた狭い文化観は否定される。ここにおいてスポーツが疑いもなく全体文化の1つの構成要素，1つの領域として位置づけられる文化的な営みであることが認識されてくる。

### (2) スポーツの文化的特性

　スポーツは他の文化諸領域とどのように異なる特徴と性格を持っているのであろうか。
　スポーツの文化は，物質的文化の性格を強く持っている。スポーツを，人間関係を望ましく育て，社会性や社交性を発展させるものと考え，そ

のための手段として意味づけるならば，スポーツは制度的な文化の性格を強く持つことになる。こうしたスポーツのとらえ方は体育とむすびつき，教育の重要な方法として伝統的に強く維持されてきた。

またスポーツは健康や体力の維持・向上に役立ち，また人間関係の改善や社交に重要な機能を果たすことができる。しかし，スポーツは単にそのために工夫され，洗練されてきたもの（文化）ではない。多くの人がスポーツに求める根源的なものは，活動それ自体の楽しさであり，喜びなのである。スポーツの長い歴史を，それを求め追求してきた者の立場にたって考えるならば，スポーツは競争や挑戦といった性格を持つ運動のさまざまな様式を通じて，人間の身体的諸能力と諸資質を自己目的的に，自立的に展開し，その可能性を追求する工夫としてつくられ，洗練されてきた文化とみなければならない。

スポーツを「プレイの性格をもち，自己あるいは他人，自然の要素への挑戦の性格を持つ身体活動」と**ユネスコ**の一機関である**国際体育・スポーツ評議会**は定義している。この国際的なスポーツの共通理解にも見られるように，明らかにスポーツは手段的な効用を越えた，自己目的的な営みであり，一定の自立性を持った固有の世界なのである。したがってスポーツの**文化的特性**の本質は，身体的諸能力の自立的展開と享受のための工夫であり，その核心は「挑戦による運動の楽しさ・喜び」に他ならない。

スポーツは，このような文化的特性を持つことによって，人間の身体的諸能力の展開を通じて人間性の向上と発展を実現し，それを開示する独自の固有の世界を生み出す。しかし，こうした意味でとらえられるスポーツが健康や体力の維持・向上に，また社交や教育に役立たないわけではない。これら多くのスポーツに期待される働きは，身体的諸能力の自立的展開の過程における運動の楽しさ・喜びの追求の結果として，生み出されるものなのである。簡単に言えば，運動の喜びの追求が賢く行われる結果として，こうしたさまざまなスポーツの持つ効用が発揮され，期待されると考えられるべきであろう。

---

**ユネスコ**
　国連教育科学文化機関（United Nations Educational, Scientific and Cultural Organization）
**国際体育・スポーツ評議会**
**文化的特性**

## 2 スポーツ文化の実際

　現代社会におけるスポーツの重要性はスポーツを文化的営みとして多くの人々に認識させつつある。まだスポーツの文化的地位は正当に位置づけられていない。スポーツに対する文化的差別によって、スポーツは、欲求を充足する人間の価値ある正当な営みとして公認されてこなかったので、スポーツは政治や経済、また軍事など他のなんらかの手段として利用されることが多かった。これは、スポーツを自立的な営みとすることを妨げ、またスポーツにたずさわるスポーツマンの自立を妨げる大きな要因でもあった。こうしたことが文化人に対するスポーツマンの潜在的なコンプレックスを生み出してもいたのである。スポーツを文化としてとらえることは、スポーツを他の何かの手段としての従属的な価値と意味によって正当化するのではなく、スポーツ自身を固有の意味と価値を持つ正当な営みとして位置づけることになり、スポーツの自立性を確立する重要な根拠になる。それゆえ、スポーツを文化としてとらえ、文化として主張し、文化として指導することが重要なのである。

　また、現代社会の生活状況は、かつて一部の特権階級の人々の営みであったスポーツに、すべての人の健康で充実した人生にとって欠くことができない重要性と必要性を持たせている。スポーツがこうした新しい時代の人間と社会の要求に応えるためには、スポーツの歴史・社会的性格を正しくとらえ、スポーツをすべての人々に開かれたものとして変容していかなければならない。スポーツを文化としてとらえることは、欲求の充足と適応の工夫としてのスポーツの可能性を客観的に検討し、より豊かな人間性の向上と社会福祉の発展に結び付くように創造する重要な根拠となる。

　さらに現代スポーツにおいては、スポーツをそれぞれの利害の手段として利用しようとする社会的諸勢力によって、人間性が疎外され、スポーツマンが犠牲にされる局面も見られる。スポーツを文化としてとらえ確立することは、こうした状況を再検討し、是正する視点を確立する上

でも欠くことができない。

　以上のように，これからはスポーツを文化としてとらえることにおいて，スポーツは人間の工夫であり，それゆえ変えられるものであるという視点を提供することとしたい。つまり，スポーツはその文化によって秩序づけられ，自立性を持つが，またその文化によって変容するのである。したがってスポーツ指導者が，個人にとって好ましい，また社会にとって望ましいスポーツを発展させるためには，スポーツを文化としてとらえ，その独善性を否定し，人間の欲求の充足と社会の必要とを充たしながら，身体的能力の自立的展開と享受の工夫としてのスポーツをより豊かな人間性の向上と社会福祉の発展に寄与するように検討しなければならないのである。

　スポーツの文化的内容は，スポーツの世界における望ましい行動の仕方を指示し，スポーツを具体的に秩序づける**スポーツ規範**，その枠の中での合理的な行動の仕方としてのスポーツ技術，スポーツの営みを合理的にするために発明され，工夫されてきたさまざまな物的事物等である。これから，こうしたスポーツ文化の内容について説明する。

> スポーツ規範

## (1) スポーツ観

　**スポーツ観**とは，スポーツが存続し発展するためには，スポーツを人間と社会にとって望ましいものとして価値づけ，スポーツを肯定し，それを社会的に正当化する観念である。スポーツ観は個人および社会に対してスポーツの存在意義と価値を明らかにし，その意義と価値を実現するようにスポーツを方向づけ，統制する。つまりスポーツ観とは，スポーツは良いか悪いか，なぜ良いのか悪いのか，ということの基本的価値判断を導くものなのである。

> スポーツ観

### 1) スポーツ手段論

　スポーツの意義と価値を，スポーツが他の何かの目的を実現し，達成するのに役立つという効用に置き，まず第一に，その手段的な働きによってスポーツを正当化するスポーツ観が**スポーツ手段論**である。スポーツは本質的には**消費的活動**である。だから生産を重視する社会ではそれ

> スポーツ手段論
> 
> 消費的活動

自身を肯定することは困難であり，他の社会的価値と結び付けて正当化しなければならない。スポーツはさまざまな社会的機能を果たす可能性をもっているので，スポーツ手段論はそれとの関連でスポーツの意義と価値を説明し，正当化する。

### 2） スポーツ目的論

　スポーツ手段論が他の何かの価値を達成する効用によってスポーツを正当化するものであるのに対して，**スポーツ目的論**はスポーツを自己目的的なもの，つまりスポーツの過程自体の中に意味と価値を持つ活動としてとらえ，その内在的価値によってスポーツを正当化するスポーツ観である。ところで自己目的的活動の典型的なものは遊戯であるから，スポーツ目的論の理論的根拠は**ホイジンガ**や**カイヨワ**等の**遊戯論**に求められている。

　ホイジンガはスポーツを**競争的遊戯**の1つとしてとらえ，そこにおいてプレーヤーのさまざまな能力が試練にかけられ，勝利への激しい情熱を持ちながらルールを遵守し，相手を尊重する人間性が試されるのだというのである。

　カイヨウは同じように遊戯を定義し，それを**イリンクス**(めまい)，**ミミクリー**（模倣），**アレア**（運），**アゴン**（競技）の4つに分類し，アゴンを次のように定義した。「アゴン（Agon）——すべて競争という形となる一群の遊びがある」。

## （2） スポーツ規範

　スポーツにおける，価値（望ましさ）を表示し，そのため行動の仕方の基準を指示するものが規範である。したがって**スポーツ規範**はスポーツの意義と価値に対応し，それを具体化する。たとえば，勝利価値は記録の認定や表彰，競技会等の制度や，そのために練習や生活を律する規範に具体化され，**身体・人格形成価値**は青少年のスポーツ参加に関する規定や教育的徳目の達成を奨励（しょうれい）する規範に，**社交・連帯価値**は国旗の掲（けい）揚（よう）等の儀礼やスポーツ集団の伝統に，**遊戯価値**はスポーツのマナーに規範化されている。この意味でのスポーツ規範はスポーツの意義と価値に

応じて多様である。

## 1） 参加資格の規定

　自分の優越性を客観的に示す公的な場であるスポーツ競技会では，安全の確保，競技の楽しみ（緊張），大会の運営等のために，参加者の水準を一定の範囲に限定し，その資格を規定する。この規定は標準記録の達成，あるいは賞金獲得額や記録等にもとづく公的なランキング順位等によって技能の水準を規定するものと，地域や身分等によって参加者の社会的範囲を規定するものとがある。前者は大会運営に関するものであるが，後者はスポーツの文化的な意義に関わっており，特にアマチュア規定が重要な問題である。

　① アマチュア規定

　**アマチュア規定**は**スポーツ・アマチュアリズム**を守るために，アマチュアの身分を定めアマチュア・スポーツ競技会への参加資格を規定する**法的規範**である。**アマチュア**とは「専門的訓練や経験なしに，楽しみのためにそれを行う人」であり，その営みが「生計にとって第一義でなく，副次的なことがら」である者をいう。一般に「アマチュア」は，初心者，下手なもの，技能の低い人に対して慣習的に用いられるが，スポーツでは特殊な意味を持ち，生計を立てる**プロフェッショナル**と区別される身分をさす言葉となっている。

　アマチュア規定は，さまざまな問題の源でもあったが，競技会への参加資格を規定することを通じて競技者にある品位を要求し，「参加するプレーヤー間の平等を確保し，競技の公平を保証する」「物質的利害とスポーツを区別することによってスポーツの遊戯的性格を保証する」「勝敗と金銭の結び付きが生じやすいスポーツマンが経済的利害の手段とされ，その品位と人間性が損なわれることを防止する」等の機能もある程度果たしていた。アマチュア規定が廃止され，プロ化の傾向はますます強くなるが，スポーツの品位を確保するためにはスポーツに専心する者にとっての新しい規範，たとえば**スポーツ・プロフェッショナリズム**のような規範が必要となるであろう。

　② その他の参加資格規定

---

| 側注 |
|---|
| アマチュア規定 |
| スポーツ・アマチュアリズム |
| 法的規範 |
| アマチュア |
| プロフェッショナル |
| スポーツ・プロフェッショナリズム |

競技会は，優越性(ゆうえつせい)の証明の範囲を明らかにするために，参加者の国籍や居住地域を規定する。また，競争の公平を確保するために，参加者の年齢や性，体格等に制限を設ける。さらに，最近では薬物の使用についての規定が競技者の健康と安全の確保，公正の保証の見地から重要な問題となっている。しかし，新しい薬物の発明と検出方法の開発が競争しあい，勝利の意味とスポーツの意義・価値が根本的に問われている。不正を防止するためには「厳しい検査と罰を科すべきだ」という意見と「隠れて薬物を使用するから危険なのであり，使用を公認することがスポーツマンの保護になる」という意見とがある。ここに社会変化の中におけるスポーツの意味と倫理の問題があり，スポーツ規範の問題がみられる。

### 2） 競技規則

競技の行い方を定めた約束が**競技規則**であり，競われる目標と勝敗の判定基準を示し，競い合う身体的能力の分野を定め，競争の手続きを規定する法的規範である。競技規則は競技が公正で安全に，しかも緊張を保持しながら行われるようにし，競技の世界を限定し，勝敗の機会を平等にするように働く。競技規則は法的規範であるから，その違反に対しては罰として具体的な不利益処分が科せられる。

競技規則

### 3） スポーツのマナーとエチケット

**スポーツのマナー**は，スポーツの社会における人間関係に関する望ましい行動様式であり，平等の社会秩序——水平的人間関係を原則とする対人的行動規範である。わが国における伝統的な対人的行動規範は礼儀作法であるが，それが上下の関係，縦の社会秩序を中心とするのに対して，スポーツのマナーは競争社会における平等の理念に立つ規範である。

スポーツのマナー

**エチケット**は，その語源が**チケット（入場券）**であるように，社会生活への参加資格証明書に当たるものである。つまりエチケットは「よきマナー，よいしつけ，真の礼儀正しさの全てを含むもの」といわれるように，そのような望ましい行動様式を身に付けることによって，社会生活に参加することが認められるものである。この意味から，スポーツのエチケットとはスポーツという社会へのパスポートであり，他人に迷惑

エチケット
チケット（入場券）

をかけず，みんなが円滑（えんかつ）に楽しく行動するための行動の仕方であるということができる。

スポーツのマナーとエチケットは，具体的には種目によって異なるものが多いが，共通するものとして**スポーツマンシップ**と**フェアプレー**をあげることができる。

① スポーツマンシップ

スポーツマンシップはスポーツ愛好者がその誇りと尊厳を保持するために守るべき行動の仕方であり，スポーツにおいてだけでなく，社会生活の全体にわたって守られるべき行動規範とされ，これを実践できる者が真のスポーツマンとされる。スポーツマンシップはスポーツにおける紳士としての振舞を要求するもので，**ジェントルマンシップ**と同義であったが，英国の**パブリックスクール**の**スポーツ教育**を通じて一般化し，競争社会における理想的な市民の徳として社会生活の全体に通用し，望まれる社会規範となっている。

スポーツマンシップの具体的内容は「感情の抑制」「相手に対する思いやり」「フェアプレー」である。**ICSPE（国際スポーツ・体育評議会）**の「**スポーツ宣言**」は，スポーツマンの義務として以下の項目をあげている。

　　a．スポーツマンは完全な忠誠をもってルールの条文とその精神に従わなければならない。彼はどんな状況においても公衆に対し正しい態度を保持しなければならない。

　　b．スポーツマンは競技の前後最中において相手および審判を尊重しなければならない。

　　c．スポーツマンは常に自制を保ち，自己の冷静さと尊厳を保持しなければならない。彼は勝利のために最善を尽くすが，敗北に伴う落胆を避け，勝利に伴うごう慢をいましめる。

　　　スポーツマンの得る報酬は，努力から生まれる喜びと規範の遵守により，良心から生まれる充実感である。

② フェアプレー

「**公平，公明正大**」を意味する言葉である**フェアプレー**はスポーツマンシップのもっとも重要な内容とされる。この競争における公平，公明

---

スポーツマンシップ
フェアプレー

ジェントルマンシップ
パブリックスクール
スポーツ教育

ICSPE（国際スポーツ・体育評議会）
スポーツ宣言

公平，公明正大

正大の倫理性は，競技スポーツが人間的活動として営まれるためのもっとも本質的な条件である。フェアプレーは勝利への本能的な情熱と人間的理性を統合し，闘いの力と正義の倫理との調和を求める観念であり，闘いにおける人間の誇りと尊厳を守り，真の名誉を生むものである。だからフェアプレーは社会生活のあらゆる競争的場面で遵守されるべき行動準則とされる。

　フェアプレーも成文化されにくい慣習的規範であり，その内容は明確にしにくいが，「**フェアプレーに関するフランス委員会**」は以下のように定めている。

> a．フェアプレーは，相手がスポーツの交流によって結び付くゲームにおけるかけがえのないパートナーであることを常に認識することである。
>
> b．フェアプレーは以下によって示される自制の作法である。
>> ア　率直さと公明正大の精神
>> イ　勝敗にかかわらず相手を尊重すること
>> ウ　審判を尊重し，協力を惜しまない確固たる精神
>> エ　見せびらかしでないスポーツマンシップ
>> オ　相手や公衆がフェアでない場合の毅然とした態度
>> カ　勝利における謙虚さと敗北における平静さ
>
> c．フェアプレーは，暖かい人間関係を創造する。相手に対する寛容の精神である。

　スポーツマンシップとフェアプレーに代表されるスポーツのマナーとエチケットは，スポーツ参加者の共通の楽しみを保証し，激しい競技に人間的な品位と尊厳を与える道徳的な規範である。スポーツが野蛮な闘いと区別され，真の名誉と栄光を生み出すかどうかは，この規範の遵守にかかっている。しかし，その遵守は個人の良心にのみ依存しており，それゆえスポーツへの教育の重要な内容にならねばならない。**ICSPE**の「**スポーツ宣言**」は次のようにいう。「フェアプレーの理念のないところに真のスポーツはない」。

※傍注：フェアプレーに関するフランス委員会／ICSPE／スポーツ宣言

## (3) スポーツ技術とスポーツ戦術

　スポーツ文化を構成している行動様式のもう1つの中核は**スポーツ技術**である。このスポーツ技術を選択的に用いる主体的なスポーツ状況の構成方法が**スポーツ戦術**である。

　どんなスポーツ技術や戦術を選択するかはスポーツ状況の判断に左右されるから，それを意味づける**スポーツ観**や**スポーツ規範**もスポーツ技術の選択に影響する。安全性を重視するか，危険を侵しても業績を求めるかでは選択の適切さは異なる。つまりスポーツ技術や戦術の合理性の基準は主体のスポーツへの意味づけによって多様となる。たとえば勝利を重視する競技体制の中では，競技の目標「得点，速さ，距離等」の達成にとってもっとも合理的と思われる技術・戦術が使用され，より合理的な新しい技術・戦術が開発される。近代オリンピック以後，世界的な競技体制の確立の中でスポーツの勝利の社会的な意味が著しく昂進したことによって，スポーツ技術・戦術はめざましく発展した。特にスポーツの過程を客観的にとらえ，再現し，分析し得る方法＝映像化の方法が開発されたことにより，スポーツ技術・戦術の研究は急速に発展した。また，トレーニング等による身体的能力の改善や，能力発揮の補助手段としてのスポーツ用具の改善等もスポーツ技術の発展に大きな影響を及ぼす。科学・技術の発展とスポーツ技術・戦術は密接に関連している。

> スポーツ技術
>
> スポーツ戦術
>
> スポーツ観
> スポーツ規範

## (4) スポーツ物的事物

　人間はスポーツを合理的にするためにさまざまなスポーツのための事物を発明し，作り出してきた。スポーツ施設・設備，スポーツ用具・衣服等である。これらの**スポーツ事物**は安全の確保，競争の平等の保証，運動の合理化のために工夫されたものである。スポーツ活動そのものは時間の消費であるが，それを支えるスポーツ事物の確保は物的生産・消費である。したがって，**スポーツ物的事物**はスポーツの経済的側面の重要な内容となる。

> スポーツ事物
>
> スポーツ物的事物

## (5) スポーツをめぐる諸問題とスポーツ指導の文化的課題

広く考えてみると，**スポーツ指導**とは「スポーツを個人にとっては好ましいもの，社会にとっては望ましいものとして学習させようとする営みの全体」ということができる。この意味でスポーツ指導は「スポーツの持つ人間性の向上と社会福祉の発展の可能性を最大限に発揮させようとする営みの一部」に他ならない。だから前述の諸問題は直接的・間接的にスポーツ指導の重要な課題なのである。もちろん，こうした問題の解決はスポーツ指導によってのみ果たされるわけではない。全体的にはその社会の**スポーツ政策**が担うべき課題である。しかし，スポーツ政策が外側からの解決を求める方策であるのに対して，スポーツ指導は「内側からの解決」を求めなければならないのである。スポーツ指導は，スポーツ文化の望ましい学習を導くことによって，これを果たそうとするものである。

> スポーツ指導
>
> スポーツ政策

高度化するスポーツは，一層激しく厳しくなる競争の最中に，なお優れた人間性を示し，人々を感動させることができるのであろうか。あるいは野蛮な闘争に堕落し，**ヒューマニティー**を失ってロボット化したスポーツ・マシーンの機器的な争いとなるのであろうか。一方，大衆化するスポーツは，自らの力で獲得する運動の喜びを基盤にして，豊かな人間的経験と交流を育み，市民生活の健康と楽しみの文化的な中核になるであろうか。それとも独善的な快楽の追求と消費主義に支配され，ひんしゅくをかい，良識を疑われる営みになるのであろうか。

> ヒューマニティー
> 人間性，人道

すでに述べたように，長い間，スポーツは文化的な蔑視と差別にさらされてきた。現代社会におけるスポーツの隆盛はこうした文化的差別と蔑視を一掃し，スポーツの文化的正当性を確立する重要な機会である。多くの人々がスポーツに注目し，スポーツを重視しているからである。しかし，現実に，人間性の向上と社会福祉の発展に結び付く文化的な質が示されなければ，それは不可能ではある。ヒューマニズムの発展に寄与するスポーツの文化的質を育むことに失敗するならば，スポーツの隆盛は単なる欲求不満の代償的満足と商業主義・消費主義の蔓延を助長するにすぎないものとなる。現代のスポーツ指導はまさに現代スポーツの

こうした質を決定する文化的課題を負っているのである。

# 3 諸外国のスポーツ文化

## (1) イギリスのスポーツ文化

　イギリスの近代スポーツは，産業革命後，パブリックスクールの**ジェントルマン教育**の影響を受け，フェアプレイ，アマチュアリズムなどのスポーツマンシップをその理念として形づくられていった。今日でも，イギリスはスポーツ発祥の国であるということに自負と誇りをもっている。このことは，イギリスの**スポーツカウンシル**の"Sports for All"のパンフレットの冒頭に如実に表現されている。

> ジェントルマン教育

> スポーツカウンシル
> Sports for All

● 図3-1 ● パブリックスクールのフットボール
出典：金芳保之編著『スポーツテクノロジー』大修館書店，1992年，p.45

　それによると，「スポーツの伝統において，わが国ほど著名な国はない。収支バランスなどという経済用語が使われるよりもさらに以前に，数多くのスポーツがイギリスから各国に伝えられた。わが国に生まれたスポーツは，世界中の数百万もの人びとに興奮と楽しみと，そして緊張の緩和をもたらしてきた。全世界の人びとがこれを認め，尊重してくれているのはいうまでもない。いまもなお，イギリスの伝統的フェアプレーとチームワークの精神は，全世界においてもっとも尊重されているのである」。

　イギリスは産業革命後，オックスフォード，ケンブリッジ両大学に代

表される高等教育機関における**ジェントルマン（紳士）**育成のため，スポーツによる教育に重点をおいてきた。これとともに，スポーツの再編が行われ，近代スポーツのエートスといえるフェアプレー，チームスピリット，アマチュアリズムなどのスポーツマンシップを開花させたのである。スポーツマンシップとは，**プレー・ザ・ゲーム**という意味のほか，スポーツなどの競技的なプレーのなかで求められる技能や知識，さらには人格的資質とかエチケットやマナーなどの倫理的な行動規範を意味する概念である。

　プレー・ザ・ゲーム（Play the Game）という言葉は，正々堂々と戦うという意味で，ルール尊重，審判に抗議しないなどといった態度をいっている。**フェアプレー（fair play）**という言葉には，相手を尊重する，あるいは勝ってもおごらず，むしろよき敗者になれといった意味がある。

　**チームスピリット（team spirits）**とは，チームのために努力し，自己を犠牲にする覚悟が必要であるということである。

　また，**アマチュアリズム（amateurism）**とは，スポーツのためにスポーツを行うのであって，スポーツをすることによってけっして代償を求めないということである。

　イギリスのスポーツの歴史的発展を担ってきたのは，民間主導のスポーツクラブであり，その中で彼らの生活に密着したスポーツライフをつくり出してきた。オックスフォード大学や，ケンブリッジ大学に代表されるイギリスの高等教育機関のOBたちは，在学中に教育されたジェントルマンシップ，スポーツマンシップの理念を，スポーツクラブを結成することによって普及発展させていったのである。

　イギリスにおけるスポーツクラブは，社交の場としての性格をもち，そこにはスポーツを同好とする同階層の人たちが集まり，メンバーシップを交流し合い，ジェントルマンとしてクラブメンバーであることに自負と誇りをもっているのである。

　世界でもっとも古いスポーツクラブとして有名な競馬の**ジョッキークラブ**は，1750年に設立されている。続いて1754年にはゴルフの**ロイヤル・アンド・エンシェントクラブ**が設立され，その後1781年にはアーチ

ェリーの**ロイヤル弓術家協会**，1788年には**イギリス・ナショナル・ライフル協会**，1863年には**フットボール協会**といったように，伝統的なイギリスのスポーツクラブが次々と設立されていったのである。

　現在，イギリスのスポーツクラブの中でもっとも多いのはフットボールのクラブで，国内に約4万クラブ，100万人のメンバーを抱えている。これらの各種スポーツクラブはクラブメンバーによって，それぞれ独自の理念のもとに管理運営されており，これらスポーツクラブを統括する全国的組織をもっていないのが特徴である。たとえば，122年の伝統をもつ**全英オープン**とゴルフは，単に"The Open"と呼称し，その管理運営はすべてパトロンと呼ばれるクラブメンバーのボランティア活動によって行われている。

　このことは，彼らが自国のスポーツの伝統に誇りをもち，スポーツマンシップに象徴される彼ら独自の理念を守っていこうとする姿勢の表れであるといえよう。

　またイギリスでは，スポーツを**フィジカル・トレーニング**から**フィジカル・レクリエーション**へと発想転換して，**CCPR（The Central Council of Physical Recreation）**が設置されている。

　1960年には，将来のスポーツへの提案（**ウォルフェンデン・リポート**）が行われ，続く1965年には，スポーツの社会的役割が政府の認めるところとなり，広く国民のスポーツを振興し，スポーツ施設の整備促進の目的を持つ，スポーツ審議会が設置された。

　1960年代のノルウェーでは**トリムムーブメント**，スウェーデンの**COMムーブメント**，ベルギーの**スポーツ・プラム・ムーブメント**など，ヨーロッパ各国にほぼ同時期に**"Sports for All"ムーブメント**がおこった。この時期には，国民の健康・体力の低下，文明病といわれる成人病の増加，および人間性連帯の崩壊などに対処することを目的に，国家レベルの方策としてこのムーブメントが各国に共通して展開されたといえる。このことは，1972年に**ヨーロッパ会議（Council of Europe）**が採択した，「**ヨーロッパSports for All憲章**」に象徴されている。

　イギリスの"Sports for All"は，北欧やドイツにみる健康・体力問

---

ロイヤル弓術家協会
イギリス・ナショナル・ライフル協会
フットボール協会

全英オープン
The Open

フィジカル・トレーニング
フィジカル・レクリエーション
CCPR (The Central Council of Physical Recreation)
ウォルフェンデン・リポート

トリムムーブメント
COMムーブメント
スポーツ・プラム・ムーブメント
"Sports for All"ムーブメント

ヨーロッパ会議 (Council of Europe)
ヨーロッパSports for All憲章

第3章　スポーツと文化

題としておこったというよりは、レクリエーション・レジャーの問題としての視点が重視されているといってよい。スポーツは、イギリスの人々にとっては生活を豊かにする、**アメニティ（快適環境）**としての活動としてとらえられているのである。

アメニティ（快適環境）

　このように、イギリスのスポーツの特色は、彼らの生活の中からはじまり、単に健康づくりや、レジャー・レクリエーションとしての楽しみのためというだけでなく、彼らの行動倫理としての規範をもってイギリス人の生活文化の一翼を担っているところにある。

### （2）アメリカのスポーツ文化

　イギリスで生まれたスポーツは、アメリカにおける階級的植民者、たとえば東・北部の大商人や、南部の大地主たちに引き継がれ、競馬、狩猟、射撃などの**貴族的フィールドスポーツ**が中心であった。アメリカの国民性は、移民によって構成された人々によって、西部開拓に象徴され

貴族的フィールドスポーツ

● 図 3-2 ● 乗馬訓練
出典：前掲『スポーツテクノロジー』p. 43

る時代経過の中で培われたものである。彼らは，開拓者精神，個人主義，合理的精神，英雄崇拝思想といった，**アメリカニズム**に支えられて独自のスポーツ観にもとづいて，スポーツをアメリカのポピュラーカルチャーとして定着させていった。

 第1次世界大戦後の1920年以降，アメリカは産業資本主義による巨大な経済的繁栄を背景として，イギリスをはじめとする，ヨーロッパ型スポーツ，モータースポーツ，アメリカ型スポーツなどのあらゆる領域で世界をリードし，今日のスポーツ黄金時代を築きあげた。特に，**プロスポーツ**が盛んで，ベースボール，フットボール，バスケットボール，アイスホッケー，ゴルフ，テニス，モータースポーツなど，**スペクテイタースポーツ**の全盛期を迎えている。アメリカ経済誌「フォーブス誌」によると，1996年度の世界の**プロスポーツ選手長者番付**では，1位がボクシングのマイク・タイソンで7,500万ドル（約84億7,500万円），2位が前年度までトップであったバスケットボールのマイケル・ジョーダンで5,260万ドル（約59億4,380万円），3位にはF1カードライバーのミヒャエル・シューマッハ（ドイツ）が3,300万ドル（約37億2,900万円）で前年度の9位から躍進している。

 アメリカの**国民的スポーツ**といわれる野球は，イギリスのクリケットをベースにして長い間の試行錯誤を重ね，1845年にニッカ・ボッカー・ベースボール・クラブのカートライトによって，ルールや用具などほぼ現在の形に近いものが考案された。1860年には，野球は東部から南部の都市にまで急速に普及していき，1869年には初のプロ野球球団シンシナティ・レッドストッキングスが誕生した。現在，**メジャーリーグ**と呼ばれるアメリカのプロ野球は，1876年に結成されたナショナルリーグと，1900年に結成されたアメリカンリーグとがあり，1905年からは両リーグの間で**ワールドシリーズ**が挙行されることになり，アメリカの国民的シンボルとなっている。

 一方，アメリカンフットボールは，ラグビー式ゲームにサッカーの要素を加えて創作され，当初は大学スポーツとして発展していった。1876年には大学フットボール協会が結成され，現在では500あまりの大学で行われている。

アメリカ・プロフットボール協会が結成されたのは1920年であるが，その後紆余曲折を経て，現在の**全米フットボールリーグ**（NFL）がスタートしたのは1970年になってからのことである。NFLは，ナショナルカンファレンス（NFC）と，アメリカンカンファレンス（AFC）に分かれて，両者の間で行われる優勝決定戦はスーパーボウルと呼ばれ，全米をわきたたせるイベントとなっている。

全米フットボールリーグ

　また，バスケットボールは，冬季の室内スポーツの必要性にせまられて，1891年にYMCAの体育・スポーツインストラクターのネイスミスが考案したものである。

　バスケットボールは，短期間の内に何回もルールの改定を行い，1897年には全国的競技会が開催され，1898年にはプロバスケットボールチームが結成された。現在の**ナショナル・バスケット協会**（NBA）が結成されたのは1949年であるが，いまやNBAのバスケットボールのリーグ戦はメジャーリーグ，フットボールリーグとならんでアメリカのスペクテイタースポーツを支える巨大なビジネスとなっている。

ナショナル・バスケット協会

　このように，アメリカのスポーツの大きな特徴の1つとして，プロスポーツの広範かつ多様な発展をあげることができる。19世紀初頭にはじまる西部開拓時代に，多くの賞金かせぎを輩出し，またゴールドラッシュにみられる一獲千金を夢見たアメリカ人の気風は，スポーツの場においても受け継がれ，スポーツを対象として賞金化，賭博化が進み，世界にさきがけてプロスポーツを生み出した。

　さらに，1920年代からはじまる**アメリカンモダニズム**に支えられて，大学対抗のボールゲームをお祭り化，イベント化していった経過にもみられるように，アメリカ人のイベント好き，ショー好きの気風は，現在の大統領選挙においてすらみられるほどである。こうした背景のもとで，

アメリカンモダニズム

アメリカでは有力な企業とプロモーターが続出し，ベースボール，ボクシング，アメリカンフットボール，バスケットボール，アイスホッケー，ゴルフなどの興行が繁栄し，スポーツビジネスとして世界的な市場となっている。

このようなプロスポーツはアメリカの巨大な資本に支えられ，1925年のニューヨークのマディソンスクェアガーデン建設にはじまり，全米各地に次々と大規模なスタディアムが建設されるようになった。国民のレジャーの増加，メディアの発達によって，いまやスポーツは資本主義社会におけるビッグビジネスとして確立され，**スペクテイタースポーツ**の隆盛をみるにいたった。

第2次世界大戦後，青少年の体力の増強を課題とした**フィジカルフィットネスムーブメント**がおこった。1956年，アメリカの青少年の体力がヨーロッパ各国の青少年にくらべて劣弱であるとの報告を受け，同年「**青少年の体力に関する大統領評議会**」が設置され，青少年の体力づくりが政府の施策としてスタートした。

このムーブメントは，1970年には**ニクソン大統領**によって，「**大統領，体力・スポーツ評議会（President's Council on Physical Fitness and Sport）**」に改称され，「すべての国民をフィジカルフィットネスおよびスポーツに参加させその振興を促進する」ことを目的とした施策として，幅広い運動が展開されていった。

1968年，**クーパー（K. H. Cooper）** は循環器系の強化トレーニングとして**エアロビクス（Aerobic Work）** を提唱した。エアロビクスは，ウォーキング，ジョギング，サイクリング，スイミングなど，有酸素的な運動を長時間持続して行い，呼吸・循環機能を向上させるための

| | |
|---|---|
| | スペクテイタースポーツ |
| | フィジカルフィットネスムーブメント |
| | 青少年の体力に関する大統領評議会 |
| | ニクソン大統領 |
| | 大統領，体力・スポーツ評議会（President's Council on Physical Fitness and Sport） |
| | クーパー（K. H. Cooper） |
| | エアロビクス（Aerobic Work） |

運動強度と継続時間を得点化して行うトレーニングプログラムである。このエアロビクスは，当時のアメリカ人の健康に対する危機意識に支えられ，1970年代には全米で爆発的なブームを引き起こした。

これにともなって，スイミングプールやフィットネスジムが全国隅々にまで設置され，**健康フィットネス産業**が急成長してきている。アメリカ人の機械化，合理化の思想はフィットネスの領域においてもトレーニング機器のマシーン化，コンピュータ化に見られ，多種にわたるフィットネス機器を世界中に輸出し，普及させていった。

健康フィットネス産業

## （3） ドイツのスポーツ文化

1849年の第2次世界大戦後，ドイツは旧ソ連占領地区に**東ドイツ（ドイツ民主共和国）**，西側占領地区に**西ドイツ（ドイツ連邦共和国）**と，東西に分割され，1990年までそれぞれ異なる政治体制のもとで発展を続けてきた。この時代で特筆すべきことは，旧東ドイツが，**マルクス・レーニン**の社会主義国家の成果を表す手段として，スポーツ科学の研究とそれにともなう競技スポーツの向上に力を入れ，オリンピックやワールドカップなどの国際的競技会において驚異的な活躍をし，世界の注目の的となったことである。

東ドイツ
（ドイツ民主共和国）
西ドイツ
（ドイツ連邦共和国）

マルクス・レーニン

しかし，1990年における**ベルリンの壁崩壊**という歴史的事件とともに，**東西ドイツ**は41年ぶりにようやくその統一が実現された。それにともなって，1992年のバルセロナオリンピック大会より**ドイツ統一チーム**が派遣されるようになり，水泳，ボート，テニス，サッカー，体操，陸上競技など世界のトップレベルの活躍をしている。

ベルリンの壁崩壊
東西ドイツ
ドイツ統一チーム

ドイツのスポーツの原点ともいえる**ツルネン（Turnen）**は，1811

ツルネン（Turnen）

年，ヤーン（F. L. Jahn）によってはじめられたものである。ヤーンは，民族意識や国家意識の統一をはかる愛国的な運動として，また青少年の教育活動の一環としてツルネンを広めていった。ツルネンは，イギリスのスポーツでもなく，従来の体操(Gymnastic)でもない，どちらかといえば集団体操，行軍，走・跳・投の運動など，軍隊の集団行動の予備教育的な色彩が強いものであった。この運動は，ナポレオン占領下という当時の時代背景の中で高まっていった国民的ナショナリズムに支えられて全国的に広まり，各地に多くの**ツルネンクラブ**が結成された。

1820年には，**カールスバード決議**によって一度**ツルネン禁止令**が出されたが，1842年にはこの禁止令は解除され，市民階級の急速な興隆とともに**ツルネン促進運動**が広がっていった。1860年には全国的な**体操祭（ツルネン祭）**が開催されるようになり，1868年には，**全ドイツ・ツルネン連盟**が結成されるにいたった。ツルネン競技会では，当初の軍隊的集団行動を中心としたものから，器械体操，陸上競技，フェンシング，レスリングなどのほか，ハンドボールのようなボールゲームなど，スポーツ的なものが多く行われるようになっていった。

ここで**ゴールデンプラン（Der Goldene Plan）**と**第2の道（Zweiter Web）**について述べてみる。

「ゴールデンプラン」は，1960年にドイツオリンピック協会が連邦政府，連邦会議ならびに地方自治体会議に対して行った，地域社会における体育・スポーツ施設建設の勧告のための，15ヵ年に渡る壮大な施設建設計画である。この計画は「スポーツ・レクリエーション施設の欠如が慢性的，病的障害を引き起こしている」と指摘した上で，望ましい施設建設基準と施設の不足数をあきらかにした。さらに，施設建設のための経費の配分や具体的な自治体レベルでの重点課題にまで提案を行っている。

「第2の道」とは，スポーツの高度化を意味する「**第1の道**」に対応して生まれたことばで，「**みんなのスポーツ**」とほぼ同じ意味を持っている。「第2の道」は2期に分けて展開された。第1期は長い歴史をもつスポーツクラブを中心に1960年より展開され，古い競技中心のクラブから誰もが自由に参加でき，コミュニティの中心となる新しいクラブへの移

行に重点が置かれた。同時に指導者の意識を変えることにも努力が払われた。

第2期は，1970年より"Trimm dich durch Spot（スポーツを通してトリムを）"というスローガンのもとに，誰もがどこでも気軽にできるトリム運動をスタートさせた。**トリム**とは，「健康を得るためにからだの準備をする」という意味であり，各人が自主的に身体活動を実践することをもたらすものである。

> Trimm dich durch Spot（スポーツを通してトリムを）
> トリム

## （4） フランスのスポーツ文化

もともと，フランスのスポーツは，エリート階層の男子を中心としたスポーツクラブによって自由に活動されてきたものであり，1911年に結成されたフランス・オリンピック委員会は，自転車，テニス，スキー，フェンシング，モータースポーツなど，競技スポーツの向上発展に力を入れてきた。1903年に開催された，フランス国内を1周する自転車ロードレースは，「**ツール・ド・フランス**」と呼ばれ，今日では国内最大のイベントとなっている。また，モータースポーツにおける「**パリ・ダカール・ラリー**」は，他に類例をみない**アドベンチャースポーツ**として脚光をあびている。

> ツール・ド・フランス
> パリ・ダカール・ラリー
> アドベンチャースポーツ

一方，フランスでは国民一般のスポーツへの参加は少なく，国民の多くはスポーツよりもむしろ，夏期に長期間の有給休暇をとってバカンスを楽しむことに関心を寄せている。彼らは太陽と海を求めて，南仏やスペインにこぞって民族の大移動を行ってきたのである。フランス人のバカンスに対する権利意識は，19世紀後半頃から芽生えてきたといわれている。1936年には，年間2週間の有給休暇が保障され，1962年には年間4週間の長期有給休暇が制定された。彼らは，週間労働時間の短縮よりもバカンス期間の延長を好む体質を持っていたのである。しかし，1972年，フランス・オリンピック・スポーツ国家委員会（CNOSF）は「みんなのスポーツ」の行動計画を策定した。パンフレットの配布や講習会等による周知徹底に加え，さらに1974年には6月9日を「全国みんなのスポーツの日」と制定するなどの施策がとられた。しかしながら，こうしたキャンペーンが直ちに全国民に影響をおよぼしたわけでなく，「みん

> フランス・オリンピック・スポーツ国家委員会（CNOSF）

なのスポーツ」に対して無関心であった大部分の国民を実践に向かわせるのは容易なことではなかった。ついで1975年，大統領令としての「**体育・スポーツの発展に関する法律**」が発布された。これは，この国では画期的な国家政策の方針をうちだしたもので，その前文には，身体活動とスポーツの振興は，国民の義務であり国の責任であるという内容が示されている。フランスでは特に国が積極的にリードしない限りスポーツ・体育の振興はあり得ないといわれているほどであるため，国の果たす役割は大きいようである。

> 体育・スポーツの発展に関する法律

● 図3-3 ● 17世紀ごろの球技（ポーム）
出典：前掲『スポーツテクノロジー』p.43

## （5） ロシアのスポーツ文化

旧ソ連時代は，スポーツを社会主義の優位性を誇示するための外交政策の柱として位置づけ，国家レベルで選手の強化に力を入れてきた。政府は競技力向上のための施策として，まずスポーツ・体育系大学をはじめとするスポーツ専門学校など，選手養成機関の充実・整備に着手した。ついで，コーチ制度を確立し，スポーツ指導体制を強化してきた。さらに，スポーツ科学の研究に力を入れ，トレーニング法や指導法の開発をはじめ，記録やチーム力向上のための合理的理論を生み出してきたのである。

また当時，「**ステートアマ**」という言葉が生み出されるほど，国家の威信をかけて選手を養成し，オリンピックやワールドカップなどでその実力を世界に誇示してきた。特に，体操競技，水泳，陸上競技，重量挙げ，レスリング，射撃，スケート，アイスホッケーなどのスポーツにおいてはつねに世界トップの座を占めてきており，さらにバレーボール，バス

> ステートアマ

ケットボール，サッカー，スキーなども国民的人気に支えられて強化の対象となり，その実力を発揮してきている。

　一方，余暇を楽しみ，健康を求める国民の生活レベルでのスポーツに対する動きもでてきた。1970年代にはいって，ヨーロッパ各国で盛りあがりをみせた「みんなのスポーツ」ムーブメントの影響を受けて，競技スポーツとは離れて，健康や楽しみのためのスポーツ・レクリエーションが推奨されるようになってきたのである。1972年には，**ゲー・テー・オー（GTO）**と呼ばれる労働と国防の準備としての体力検定が制定されたが，これは走・跳・投の運動をそれぞれ年齢別に目標値を定めて行うものである。ゲー・テー・オーは，国民に対してスポーツを奨励するための制度であって，スポーツの大衆化を促進するうえで大きな役割を果たしてきたといわれている。

> ゲー・テー・オー（GTO）

● 図3-4 ● 20世紀初めの鉄棒運動
出典：前掲『スポーツテクノロジー』p.46

## （6） 中国のスポーツ文化

　近年，中国の競技スポーツの発展にはめざましいものがあり，卓球，バドミントン，体操競技，飛込競技，バレーボールなどにおいては世界で圧倒的な強さをみせている。このような躍進著しい中国スポーツを支える国の機関として，国務院に**国家体育運動委員会**が設けられており，その下部に各省・市の委員会がある。中国の人口12億人を底辺とするピラミッド型のシステムの中で，就学以前の子どもを対象とする選抜制度による人材発掘，さらに選ばれた人材の一貫した教育による選手強化制

> 国家体育運動委員会

度，これが中国の強さを陰で支えているのである。

　中国では業余体育学校において，少年および青年を対象にスポーツの英才教育を行っているが，その一方で体育教師，コーチ，体育研究者などを育成するため，体育学院（大学）が主要都市に開設され，体育の学術的研究が活発に進められている。

　今日では，中国の開放政策による市場経済の発展によって，スポーツ団体に対する予算は年々増加しており，選手強化に拍車をかけている。しかし，オリンピックやワールドカップにおけるメダル獲得に対して与えられる多額の奨励金が，選手個人のみならずコーチ，トレーナー，役員にまで及ぶようになり，開放経済から生じたスポーツ界における金銭面でのいき過ぎという弊害を生みつつある。

　また，**国家体育委員会運動医学研究所**の中に「**運動栄養センター**」があり，最新の栄養学と中国古来の漢方学をもとに，スポーツドリンク剤などを開発している。「**医食同源**」という中国のことわざどおり，ここでの研究はスポーツ選手の強化に大きな成果をあげているといわれている。

　しかし，1994年の広島アジア大会では11人のドーピング違反選手をだして話題になったように，いき過ぎたスポーツ強化政策は今後に大きな問題を提起しているといえよう。

　一方，一般国民に対する「みんなのスポーツ」ムーブメントは，中国ではヨーロッパやアメリカにくらべてそれほど盛り上がっているとはいえない。それは，中国には古くから太極拳，気功，練功などの**疾病予防体操**や**健康増進体操**が，広く国民の間に普及していることに起因していると思われる。これらの運動は，中国武術の流れをくむものである。

　中国はその長い戦闘の歴史の中で，多くの武術を発展させてきた。**中**

国家体育委員会運動医学
　研究所
運動栄養センター
医食同源

疾病予防体操
健康増進体操

中国武術

国武術は，長拳，南拳，太極拳，刀術，槍術，剣術など数多く見られるが，これらは中国の近代化の中で，伝統スポーツとして位置づけられ，今日でも演武会や国民の健康法として広く普及している。

太極拳は，もともと中国武術の拳法であったものが，やがて東洋医学の理論と結びついて，医療体操へと変化してきたものである。柔らかな円形運動と，呼吸，意識を調和させて，全身のバランスをとりながらゆっくりと，しかもなめらかに行うところが特徴的である。

● 図3-5 ● 中国の「導引」
出典：金芳保之：松本芳明『現代生活とスポーツ文化』大修館書店，1997年，p.183

気功は，姿勢，呼吸，意識を調和させながら行う健康増進体操というべきもので，病気の予防，長寿，養生などに効果があるといわれている。また練功は，武術に東洋医学の理論を取り入れた18の型からなる保健体操で，体力増強やリハビリ効果にすぐれており，また簡単に習得しやすいということもあって，老人や虚弱体質の人たちの間に広く普及している。今日では，早朝から街角や公園など，いたるところで，多くの老若男女がこれらの運動を行っている風景がみられ，実に壮観であるといえよう。

【参考文献】
1）H. マルクーゼ，田窪清秀訳『文化社会』せりか書房，1969年
2）R. カイヨワ，多田道太郎・塚崎幹夫訳『遊びと人間』講談社，1973年
3）"Amateur" *Encyclopedia of Social Sciences*, Vol 2.
4）佐伯聰夫「企業が買い占めるアマ・スポーツ」『エコノミスト』Vol. 283, 毎日新聞社，1981年

5) *International Congress of Sport & Physical Education Declaration on Sport*, UNESCO, (佐伯聰夫訳) 1986.
6) " French Committee for Fair Play ", *Fair Play*, (佐伯聰夫訳), 1986, p. 12.
7) 佐伯聰夫「現代スポーツの課題と展望」佐伯聰夫編著『現代スポーツの社会学』不昧堂出版, 1984 年
8) 佐伯聰夫「スポーツ文化の学習と指導」勝部篤美・粂野　豊編『スポーツ人間学』大修館書店, 1981 年
9) 金芳保之・松本芳明『現代生活とスポーツ文化』大修館書店, 2000 年
10) 粂野　豊編著『みんなのスポーツQ＆A』不昧堂出版, 1985 年
11) 金芳保之『スポーツテクノロジー』大修館書店, 1992 年

# まとめ

1. スポーツは芸術や宗教とは異質の活動とされていたが，社会の民主化が進み，文化研究の発展から文化的営みと認識されるようになった。

2. スポーツは競争や挑戦といった運動様式を通じて，人間の身体的能力および資質を自律的に展開し洗練されてきた文化でもある。

3. 国際体育・スポーツ評議会はスポーツを「プレイの性格を持ち，自己あるいは他人・自然の要素への挑戦の性格を持つ身体活動」と定義している。

4. 現代社会におけるスポーツは，政治や経済などの何らかの手段として利用されることなく文化として主張またはとらえ，指導することが重要である。

5. スポーツ観とは，スポーツは良いか悪いか，なぜ良いのか悪いのか，ということの基本的価値判断を導くものである。

6. スポーツ手段論とは，スポーツが他の目的を実現し達成するのに役立つという効用からスポーツを正当化する観念を指す。

7. スポーツ目的論は，スポーツを自己目的的なもの，スポーツの過程自体の中に意味と価値を持つ活動としてとらえ，スポーツを正当化するスポーツ観を指す。

8. スポーツ規範とは，スポーツにおける価値を表示し，そのため行動の仕方の基準を指示するものを指す。

9. 自分の優越性を客観的に示す公的な場であるスポーツ競技会では，安全の確保，競技の楽しみ，大会運営のため，参加者の水準を一定の範囲に限定しその資格を規定している。

10. スポーツのエチケットは他人に迷惑をかけず，みんなが円滑に楽しく行動するための行動の仕方であり，スポーツマンシップとフェアプレーなどがあげられる。

# まとめ

*11* スポーツ戦術とは，スポーツ技術を選択的に用いる主体的なスポーツ状況の構成方法を指し，科学・技術の発展と密接に関連している。

*12* スポーツ指導の文化的課題は，外側からの解決としてスポーツ政策が，内側の解決方法としてスポーツ指導が，スポーツ文化の望ましい学習形態を確立し，課題を果たさなくてはならない。

*13* イギリスのスポーツ文化では，フェアプレー，チームスピリット，アマチュアリズムなどの理念が強調され，ヨーロッパ諸国へ "Sports for All" ムーブメントを展開させた。

*14* アメリカのスポーツ文化では，ヨーロッパ型スポーツをはじめ，アメリカ型スポーツまであらゆる領域で世界をリードする。さらには，エアロビクスが起こり，健康フィットネス産業がさかんになる。

*15* ドイツのスポーツ文化では，地域社会における体育スポーツ施設の建設計画である「ゴールデンプラン」とみんなのスポーツとほぼ同様の意味をもつ「第2の道」がある。

*16* フランスのスポーツ文化では，アドベンチャースポーツとして，自転車ロードレースの「ツール・ド・フランス」とモータースポーツにおける「パリ・ダカール・ラリー」などが有名である。

*17* ロシアのスポーツ文化では，国家レベルで競技力向上のための選手育成に力を入れ，さらにコーチ制度を導入しスポーツ指導体制を強化した。

*18* 中国のスポーツ文化では，「運動栄養センター」がスポーツ選手の強化に大きな成果をあげている。また，伝統スポーツとして，太極拳・気功などの武術が疾病予防や医療体操として国民の健康法となっている。

# 第4章

# スポーツと組織活動

## 1 スポーツ集団の形成・構造・機能

### (1) 集団とは

　**集団**とは，単に場所に人がいっしょにいたり，偶然的な人の集まりをいうのではなく，集まった人々がお互いに影響力を持ち，全体としての何らかのまとまりがあることを指す。スポーツの集団には個々人がスポーツを楽しみたいといった自然発生的な**小集団**と，ある目標を追求するための意図的・計画的に形成された**大集団**とがある。

→ 集団

→ 小集団

→ 大集団

### (2) 望ましいスポーツ集団とは

　**スポーツ集団**が形成され，チームの成員間に相互作用が続くとメンバー間の関係が比較的安定してくる。これをスポーツ集団の構造化という。

→ スポーツ集団

#### 1) コミュニケーション構造

　どのようにメンバー同士の情報が伝達されるかを，集団の**コミュニケーション構造**という。図4-1に示すようなコミュニケーションの伝達回路構造の違いが，スポーツ集団における問題解決の効率やメンバーの満足度に違いを及ぼすことが明らかになっている。

→ コミュニケーション構造

#### 2) ソシオメトリック構造

　スポーツ集団内の個々人が誰と親しいのか，あるいは友人関係等を示したものが感情構造**ソシオメトリック構造**という。ソシオメトリックの理想的な構造は，チームの集団内に孤立者がなく，いくつかの小集団がリーダーを中心に結びついた姿である（図4-2）。

→ ソシオメトリック構造

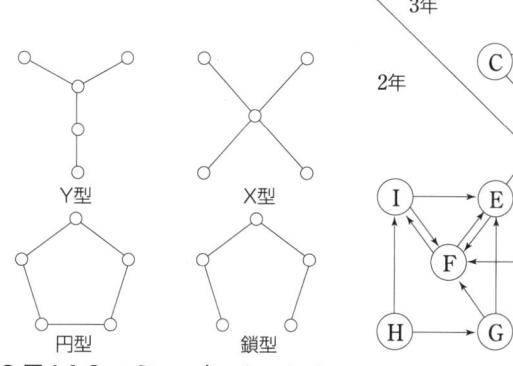

● 図4-1 ● コミュニケーションの回路構造
出典：Leavitt, H. J., 1951

● 図4-2 ● 集団内のソシオグラムの例[4]

### 3) 役割，地位構造

スポーツ集団内の役割や地位と個々人の役割を示したものをいう。スポーツ集団では，リーダーやフォロアー，レギュラー，補欠，一般部員という役割や地位がある（図4-5 → p.58）。

> 役割，地位構造

### 4) 勢力構造

スポーツ集団内のあるメンバーが，他のメンバーと比較してどのような力や影響力を持っているのかを示したものを**勢力構造**という。スポーツ集団では，監督・コーチ・キャプテン等，リーダーはチーム全体の行動やメンバーそれぞれの行動に影響を及ぼす。その影響によって起こる勢力は，報酬勢力，強制勢力，正当勢力，関係勢力，専門勢力の5つに分類される。

> 勢力構造

## (3) スポーツ集団に必要な機能とは

### 1) スポーツ集団の成員性

日常生活の中で，帰属意識・所属感を強く感じる集団がある。この場合，スポーツに参加する個々人の態度や行動がその集団の規範や構成に大きく影響する。このように自分がチームの一員として意識することをスポーツ集団の成員性といい，影響を与えるスポーツ集団のルールを**集団規範**という。チームのメンバーが集団規範をどれくらい遵守し，成員性をどれくらい意識しているかが，スポーツ集団の機能に影響を及ぼす。

> 集団規範

## 2） スポーツ集団の凝集性

スポーツ集団のメンバーがチームに魅力を感じチームに所属したいと思うか，あるいは，魅力を持たずやめたいと思うかなど，スポーツ集団のまとまりを左右するのがスポーツ集団の**凝集性**といい，集団の魅力についてまとめられたものが表4-1である。実際のスポーツの場面ではチームワーク・団結・連帯感・結びつきの強さなどがそれに該当する。

凝集性

● 表4-1 ● 集団の魅力の源泉

- その集団が行っている仕事，職種，目標，話題が持つ，成員にとっての魅力
- その集団のメンバーが親和的であり，自分を承認してくれ，その集団の中で心理的安定が得られることの魅力
- その集団が周りの人たちや社会から何らかの基準で高く評価されていることによる威信の魅力

出典：Back, K., 1951

## 3） スポーツ集団のモラル

スポーツ集団の凝集性が魅力によって形成されるのに対し，スポーツ集団の士気はチーム全体の目標に対する成員の信念（想い）や意欲によって成り立つ。スポーツ集団が目標達成を遂行しようとする時，集団の**モラル**が発揮され，集団全体の機能として大きな役割を果たす。

モラル

## 4） スポーツ集団生産性

スポーツ集団における**生産性**とは，目標を達成することであり，チームにとってもっとも重要な集団機能である。実際の場面では，個々人の目標達成度，チーム全体の目標達成度を指す。生産性向上のためには，先述したリーダーシップの型（タイプ）・メンバーのやる気（士気）・協調性と個性化・目標達成への参加状況などが大きな要因となる。

生産性

## 2 スポーツとリーダーシップ

　図4-3に，成功するスポーツ集団に関与する社会心理的な要素を示した。このうち，リーダーシップのスタイルと，効果的なリーダーシップのとり方として，メンバーのやる気，協調性と個性化，目標達成への取り組みという3点について説明する。

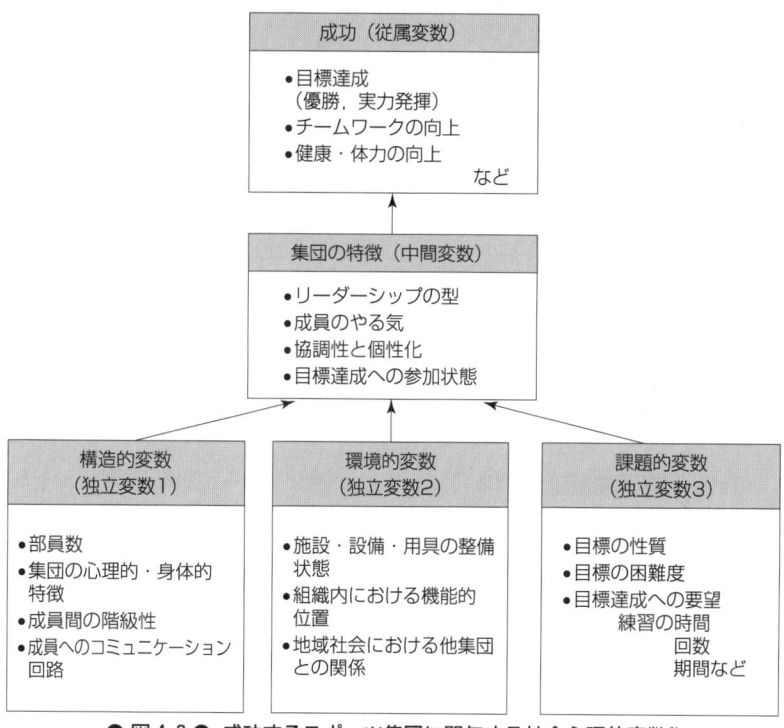

```
                    成功（従属変数）
                  ・目標達成
                   （優勝，実力発揮）
                  ・チームワークの向上
                  ・健康・体力の向上
                                  など
                         ↑
                集団の特徴（中間変数）
                  ・リーダーシップの型
                  ・成員のやる気
                  ・協調性と個性化
                  ・目標達成への参加状態
            ↑           ↑           ↑
   構造的変数      環境的変数       課題的変数
   （独立変数1）   （独立変数2）    （独立変数3）
   ・部員数        ・施設・設備・用具の整備    ・目標の性質
   ・集団の心理的・  状態                    ・目標の困難度
     身体的特徴    ・組織内における機能的    ・目標達成への要望
   ・成員間の階級性  位置                      練習の時間
   ・成員へのコミュ ・地域社会における他集団      回数
     ニケーション    との関係                  期間など
     回路
```

● 図4-3 ● 成功するスポーツ集団に関与する社会心理的変数[6]

### (1) スポーツ集団におけるリーダーシップ

　スポーツを行う場合，集団が自然発生的に生まれたり意図的につくられたりする場合がある。ここではリーダーシップをとるスタイルが**リーダー**と**メンバー（成員）**の状態形成などに大きな影響を与える。

　**リーダーシップ**をとる場合大切なことは，個人と集団（あるいは組織）の両側面の相互関連性に視点を置くことである。こうした点からとらえたリーダーシップの特徴は，以下のようになる。

リーダー

メンバー（成員）

リーダーシップ

① リーダー（指導者）の及ぼす影響力の根拠が、集団の機能への貢献に置かれ、メンバーはその影響力を自発的に承諾していること。
② リーダーとメンバーの利害の一致、または行動力方向の共通性を前提とする人間関係であること。
③ リーダーのパーソナリティーの特徴よりは、集団に変化をもたらす集団的機能としてとらえること。

このように「特定の人によって、メンバーが自発的に集団の機能を向上させるように作用する集団的機能」のことをリーダーシップといい、その中心的な働きをする人がリーダーと呼ばれる。

また、リーダーシップはチームワークにも影響を及ぼす。チームの機能を高めるためにはリーダーの役割が重要で、冷静な目でチームの状況を観察し、方向性のある助言をしたりリーダーシップを発揮したりすることが必要になってくる。

## （2）リーダーシップのタイプ

リーダーシップのタイプは、リーダー中心に機能する**専制型**と、メンバーを中心に機能していく**民主型**に大別される。機能的にはP型といわれる**目標達成型**と、M型といわれる**集団維持型**（図4-4）の2つのタイプがある。リーダーシップのとり方は、チームの状況によって変化するため、リーダーは状況によってリーダーシップのスタイルを使い分ける能

専制型
民主型
目標達成型
集団維持型

● 図 4-4 ● リーダーシップのPM 4類型[7][8]

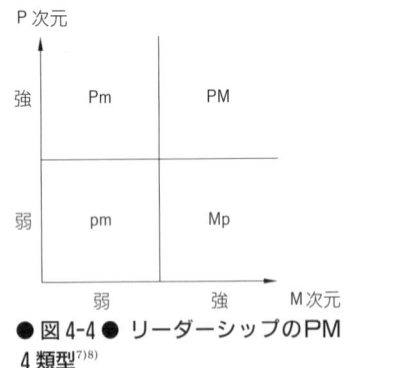

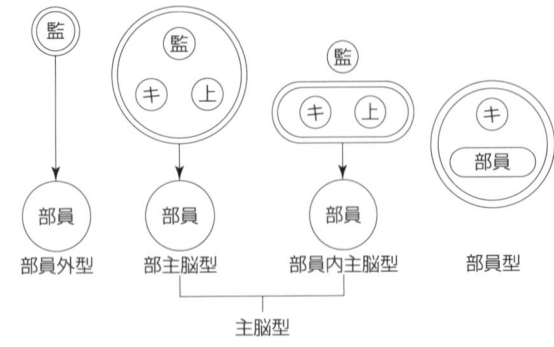

● 図 4-5 ● 規範決定の権限からみた各構造の特徴[5]

◎…規範の決定者
→…決定された規範の伝達方向
監…監督、コーチ　キ…キャプテン
上…特定の最上級生

● 表4-2 ● 各権限構造型における運動部の集団的機能の特徴[5]

| 基準項目＼構造型 | 目標成就の機能 | 部員結合の機能 | | 部の目標成就と部員結合の重複した機能 | | | |
|---|---|---|---|---|---|---|---|
| | 戦績からみた強さ | 部員間の結合の性質 | 雰囲気 | 部のチームワーク | 規則の遵守度 | 練習への参加率 | 参加率の判断の一致度 |
| 部員外型 | 非常に強い | 下級生は上級生に対して，権力による服従的結合 | 高圧的（温情的） | 普通かまたはやや悪い | 非常によく守られているかよく守られている | 非常に高い | 非常に高い |
| 主脳型 | 強い | 下級生は上級生に対して，権威による尊敬的結合 | 温情的（高圧的） | かなり良いかまたは普通 | よく守られているか普通 | かなり高い | あまり高くない |
| 部員型 | 普通 | 下級生は上級生に対して，合意による親和的結合 | 親和的（温情的） | 非常によいかまたは良い | よく守られているか普通 | かなり高い | あまり高くない |

力を備えていることが必要である。

　一般的には，民主型は比較的容易な問題解決の場合に用いられ，難しい課題には専制型が用いられる。図4-5のようにスポーツ集団は4タイプに分けられる。また，チームの戦績，上級生と下級生の結合，雰囲気，チームワーク，規則の尊守，練習への参加状態等の関係を表4-2に示した。

　いずれの場合においても，リーダーシップをとっていくその過程で集団の統制がとれることが重要になってくる。

　また，優れたスポーツ集団が形成されるためには，チームリーダーを中心とする組織が，リーダーシップのとり方と同様に重要である。実際，「監督―コーチ―主将―メンバー」という組織と機能が確立していることが理想的である。特に，近年のように競技力が向上してくると，コーチの役割が重要視される。たとえば，プロスポーツのようなトレーナー，各専門領域のコーチ，さらには栄養指導者，心理相談担当，スポーツ・ドクターなどがいるように，それぞれの役割に応じたコーチの必要性が指摘される。

　次にリーダーシップをとる，**リーダーの資質特性**を表4-3に示した。第1～8因子は主として集団課題の目標達成・遂行に関連したもの，第9～11因子は集団の人間関係のリレーション維持・強化にかかわるものである。わが国でも，狩野がリーダーシップの具体的要件を示した（表4-4）。

リーダーの資質特性

第4章　スポーツと組織活動

● 表4-3 ● リーダーシップ諸特性の因子分析的諸研究（1945-70年）の結果[9]

| 因子番号[1] | 因　子　名 | 頻度[2] |
|---|---|---|
| 1 | 社会的および対人的技能 | 16 |
| 2 | 課題的技能 | 18 |
| 3 | 管理的技能 | 12 |
| 4 | リーダーシップ効果性・達成 | 15 |
| 5 | 知的技能 | 11 |
| 6 | 課題動機づけとその応用 | 17 |
| 7 | 業績水準の維持 | 5 |
| 8 | 集団課題の支持性 | 17 |
| 9 | 社会的近さ・友好性 | 18 |
| 10 | 集団凝集性の維持 | 9 |
| 11 | 協調性とチームワークの維持 | 7 |

（注）1）因子番号は原著とは異なる。
　　　2）各因子を見いだした研究報告の数。

● 表4-4 ● リーダーシップの要件[10]

1．目標の具体的設定と明確化
2．目標達成のための具体的方法を示すこと
3．目標達成へ向けてメンバーを動機づけること
4．メンバー相互間の好ましい人間関係を形成し、集団としてまとめること
5．集団内外の資源を有効に活用すること

● 表4-5 ● 望ましい指導者像の因子[11]

1．積極性を伴った処理能力
2．個性的親和性
3．マナー
4．自律心
5．理念・判断力
6．緻密さ
7．技　能
8．悲壮感

また、豊田（1988）は、競技スポーツの望ましい指導者像として表4-5のような特性を示し、スポーツ選手は人格的・経験的に優れた指導者を、若年層では悲壮感を漂わす指導者を求めていることを述べている。リーダーに求められる資質は、集団の成員が求めている資質でもあり、リーダーの役割として確認すべき事項である。

### (3) 効果的リーダーシップのとり方

#### 1) 成員のやる気

成員のやる気を育てる（**モチベーション**をあげる）ということは、効果的なリーダーシップのとり方として不可欠である。やる気は心理学で達成動機、動機づけといわれ、いろいろな条件から生み出される総合的なスポーツへの取り組み度を表す。多様な価値観が存在する現代社会の中で、スポーツ集団の目的達成のために、どれだけ打ち込めるかが鍵になる。すなわち、スポーツのためにその他の条件をどれだけ犠牲にすることができるかが結果を大きく左右する。

モチベーション

このことから、スポーツへの高い志向性を持つようにするためのポイントは、以下の10項目である。

　a．目標を設定し、明確化する。
　b．称賛と叱責を有効に取り入れる。

c．競争と協同をさせる。
d．興味や関心があることを取り入れる。
e．技術，体力，心理的能力を評価する。
f．試合態度，勝敗意識を正しく指導する。
g．意見を調整し，自主性を育てる。
h．個性を尊重し，大切にする。
i．失敗に対する不安や恐れをなくす。
j．勝敗（成功・失敗）の原因を正しく認識させる。

　これらの条件の中でもっとも大切なことは，適切な目標の設定とそれを達成しようとする態度をチームの個々人とメンバー全体の意識として養うことである。そして内発的動機づけを相乗効果としてあげることが必要である。

## 2) 協調性と個性化

　**協調性**と**個性化**はリーダーシップを発揮することと同様に大切なことである。協調性とはいわゆるチームワークをさす。チームワークには「共同動作，共同作業，協力」などの意味があり，スポーツではチームのメンバーが精神的・技術的に協力して行動することを指す。要するにチームのメンバーがそれぞれの役割に応じて責任を果たし，相互信頼と相互協力によりメンバー間の連絡がうまくいくことを意味している。チームワークによって成員の凝集性・友好性が高まれば，集団の生産性が向上する。わが国では諸外国のスポーツ選手に比べて，特に協調性が重要視されるスポーツ観が形成されている。その結果，伝統的なスポーツ集団では，画一的な規律，技術の練習などが強制され，それを破る者は集団から疎外されるという習慣が続いている。このことは，個性の埋没化として指摘することができ，近年におけるわが国のスポーツ界低迷の一因ともいわれている。

　成功したスポーツ集団は，必ず他のチームと異なった雰囲気，練習法，そして技術などを身につけている。集団が成功するためには，協調性と個性化の共存が必要であり，リーダーはこのことをもっと大切にする必要がある。

協調性
個性化

## 3) 目標達成への参加状況

多くのメンバーが練習にどのくらい参加しているかを示したものが**目標達成への参加状況**である。実際の場面では，強制的に参加しているのではなく，練習は厳しく苦しいけれど楽しいといった状態で参加していることを意味しており，自主性・自立心が重要となる。もし，楽しい要素がなければ，どうしたら楽しくなるかを考え，明るい雰囲気となる要素を取り入れることも必要である。

表4-6に運動部の強さを規定する要因を分析した。結果，その第一に運動部のもつ威信に魅力があることを示している。

● 表4-6 ● 運動部の強さを規定する要因[12]

1. 運動部のもつ威信に魅力があること
2. 練習計画の決定者が部員より監督・コーチにあること
3. キャプテンが専門的知識・技能を多くもっていること
4. キャプテンが集団的目標達成機能をもつこと
5. 練習量が多いこと

## 4) その他（目標達成に向けた取り組みとしての留意点）

その他として，以下のようなことがあげられる。

a．多すぎる練習量と休息の必要性

b．個人が伸びる練習法の導入

c．勝利至上主義と実力発揮の意義とその指導

d．メンタル・トレーニングの導入

e．スポーツ実施目的の多様化への配慮

## 3 これからの社会体育指導

### (1) これからの社会体育指導に向けて

われわれ人間が，他の哺乳動物と大きく異なる点は，文化的な活動の営みを礎として，考えること・物を工夫しつくりだすこと，そして集団の一員としての役割を果たし理性ある行動をとれるところにある。

「豊かな社会」の実現に向けて，われわれがその資質を最大限に生かし努力していくことが肝要(かんよう)であり，それぞれのライフステージに応じた体育・スポーツに関わる学習の継続が大きな意味を持つと思われる。

機械文明が発達した今日の社会において，体育・スポーツの果たす役割は非常に大きく，個々人それぞれの精神，および身体的な健康への寄与，たとえば，身体活動を通して，本来人間が持つ自然な姿・健康や生きがい，さらには生きることの充足感を通して生活の豊かさを求めること，また，地域・国といった組織的な方策や活動に至るまで多方面にわたっての効果などが期待される。

先述した内容は，学問的にも研究され，生涯学習を啓蒙する書として，アメリカの**ハヴィガースト**が『**人間の発達課題と教育**』を著した。その中で，人間は生涯を通じて学習する動物であり，その学習にはそれぞれのライフステージに応じた**発達課題**があり，これらの発達課題に見合う学習を，将来を通じて積み重ねていく必要があることを強調している。

また，わが国の社会的知見として1972年，経済企画庁経済審議会の一委員会である「**教育文化専門委員会**」が，**生涯教育**とは，「生涯の各時期や生活の各部分において，必要に応じていつでも学べる多様な教育機会および文化的環境を整備すること」と定義づけている。このことからも個人と社会の立場から見た生涯教育，いわゆる社会文化としての体育・スポーツ論が必要な時代になっているといえる。

これまで，学校体育と地域スポーツは分けて考えられる傾向が強かった。しかし，これからは**生涯学習論**の立場からこの2つを結びつけて，

> ハヴィガースト
> 『人間の発達課題と教育』
>
> 発達課題
>
> 教育文化専門委員会
> 生涯教育
>
> 生涯学習論

● 図 4-6 ● 生涯体育論の構図

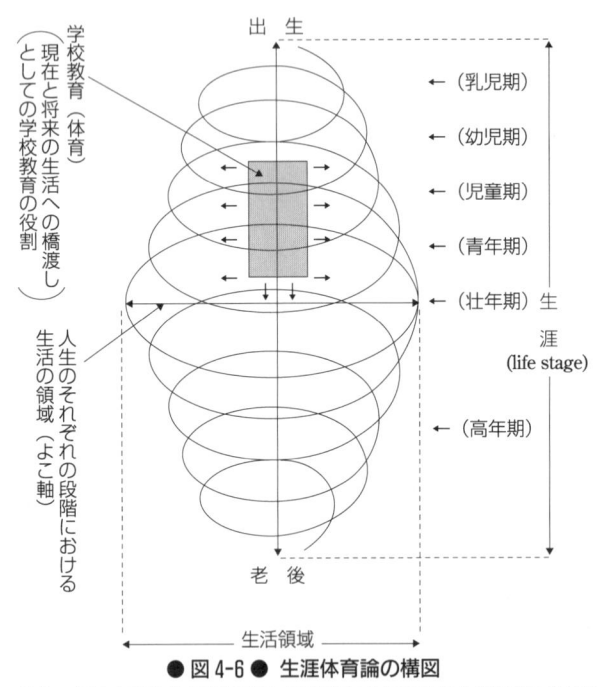

図中ラベル：
- 縦軸：出生 → 老後（生涯 life stage）
- 横軸：生活領域
- ライフステージ：（乳児期）（幼児期）（児童期）（青年期）（壮年期）（高年期）
- 左側注記：学校教育（体育）（現在と将来の生活への橋渡しとしての学校教育の役割）／人生のそれぞれの段階における生活の領域（よこ軸）

(注)
1. たて軸（生涯）とよこ軸（生活領域）の拡大とその内容の充実＝人生の豊かさと結びつく。
2. 渦巻きの発展過程は，人生における学習の動向を示す。
3. 学校教育は，人生におけるほんの一時期の学習を方向づけるもの＝現在と将来の生活への橋渡しに過ぎない。
4. 社会体育は，生まれてから死ぬまでの生涯にわたって，生活の中の身体活動への学習の機会を保障する社会的努力である。
5. 学校体育と社会体育は，生涯を通じての学習論の中で内容的に統合されなければならない（学校体育と社会体育の二分法から連続法的考え方への発想の転換が必要）。

出典：経済企画庁総合計画局編「情報化社会における生涯教育」『経済審議会教育文化専門委員会報告』(社)経済企画協会，1992年

連続的なものとしてとらえることが大切である。このような立場からの生涯スポーツ論の構図を示すと，図 4-6 のようになる。

## (2) これからの政策理念

21世紀，まさにこれからの社会は，**Quality of Life** が問われる時代だといえる。つまり，国民生活の質の向上や福祉を実現する上での基本施策が問われることになる。

そのためには，これまでの個別的・事後処理的な社会体育施策から体系的・事前的で，広範囲な領域にわたる企画・立案が大切になる。ここでは，**リンカーンのデモクラシー宣言**でうたわれた「人々の人々による人々のための」という思想に基づいた民主的手続きによる制度化が必要になる。

その具体的な内容としては以下のような点があげられる。

① 施設・設備の充実とその配置や内容，およびその活用（運営）
② 指導者の養成・確保（指導者の養成内容の明確化と養成機関，資

[欄外]
Quality of Life

リンカーンのデモクラシー宣言

格付与，指導活動の保障）
③ 社会的雰囲気作り（情報の作成・配布，PR 活動など）
④ 国のレベルで，人間の基本的人権としてのスポーツを社会が保障するための制度としての「スポーツ法」の制定

これらをもとに，スポーツを実施する者の立場にたった，法律・規則の制度化が重要である。

以上のように，スポーツを体育化（運動としてとらえる）することはやさしいが，文化化（豊かな生活の礎）することは難しい。**スポーツの文化化**とは，体育における指導内容を生活文化として確認することと，指導場面における人間との関わりづくりを意味する。その人間関係づくりとは，指導場面における人間性・創造性・社会性・美観性（個人的には，からだや精神，動きの美しさを，社会的には仲良くすることの頼もしさや雰囲気の明るさを意味し，人々を夢中にさせ，観る者も自分もその中に没頭したいという衝動にかりたてること）を大切にすることを意味する。

これからは，まさにこのような魅力ある生活文化としてのスポーツを，生活の身近なところに開発していくことが大切になるであろう。

> スポーツの文化化

第4章　スポーツと組織活動

【参考文献】

1) (財) 日本体育協会監修『地域スポーツ指導者共通科目教本　Ⅰ期』1997年，pp. 40-42
2) (財) 日本体育協会監修『C級教師・フィットネトレーナー・アスレティックトレーナー養成講習会教本　Ⅰ期』1994年，pp. 11-20
3) (財) 日本体育協会監修『地域スポーツ指導者共通科目教本　Ⅰ期』1997年，pp. 47-50
4) 野口義之ほか編『体育の測定評価』第一法規，1987年
5) 丹羽劭昭「運動集団の構造と機能」松田岩男編『運動心理学入門』大修館書店，1980年
6) 徳永幹雄「成功するスポーツ集団」末利　博ほか編『スポーツの心理学』福村出版，1988年
7) リピットとホワイト（Lippitt, R. and White, R.K., 1939）による
8) リーダーシップPM論：三隅二不二『新しいリーダーシップ』ダイヤモンド社，1969年
9) Bass, B. M., *Stogdill's of handbook of leadership——A survey of theory and research* (Rev. and expanded), New York, Free Press, 1981.
10) 狩野素郎『個と集団の社会学』ナカニシヤ出版，1985年
11) 豊田一成「競技スポーツにおける望ましい指導者像」日本体育学会第39回大会号，1988年，p. 175
12) 種村紀代子ほか「運動部の強さを規定する要因について」日本体育学会第38回大会号，1987年
13) 川喜田二郎『チームワーク　組織の中で自分を実現する』光文社，1978年，pp. 86-87
14) 粂野　豊編著『スポーツ社会学講座2　現代社会とスポーツ』不昧堂，1984年
15) 佐伯聰夫編著『スポーツ社会学講座3　現代社会とスポーツ』不昧堂，1984年
16) ハヴィガースト著，荘司雅子訳『人間の発達課題と教育』牧書店，1958年，pp. 20-21
17) 経済企画庁総合計画局編「情報化社会における生涯教育」経済審議会教育文化専門委員会報告　第1部　総論，(社) 経済企画協会発行，1972年
18) (財) 日本体育協会発行「アメリカ合衆国下院において司法委員会に付託された法律」アメリカのスポーツに関する法律案，1978年
19) 増田靖弘「クラブの法的基礎」『月刊国立競技場』1976年

# まとめ

1. 望ましいスポーツ集団は，コミュニケーション構造，ソシオメトリック構造，役割・権力構造，地位構造が確立された集団である。
2. 望ましいスポーツ集団は，スポーツ集団の成員性，凝集性，モラル，生産性に優れた集団のことを意味する。
3. リーダーシップとは，特定の人によって，メンバーが自発的に集団の機能を向上させるように作用する集団的機能のことである。
   また，その中心的な働きをする人がリーダーと呼ばれる。
4. リーダーシップのタイプは，専制型と民主型がある。さらに機能的にはP型（目標達成型）とM型（集団維持型）のタイプがある。
5. リーダーの資質特性は表4-3（→p.60）のような要素を持ち合わせていることが望ましい。
6. 効果的なリーダーシップのとり方として，成員のやる気（モチベーション），協調と個性化，目標達成への参加状況の把握が大切である。
7. 今後，それぞれのライフステージに応じた体育・スポーツに関わる学習の継続が生涯体育の普及に大きな意味を持つ。
8. 体育における指導内容を生活文化として確認し，指導場面における人間との関わりづくりをすることをスポーツの文化化という。

# 第5章

# 地域とスポーツ活動

## 1　地域スポーツ活動の発展

### （1）　地域スポーツの活動

　早朝にウォーキングをしている中年の男性，仲間と一緒にテニスを楽しんでいる主婦，ゲートボールを楽しんでいるお年寄り，エアロビクス・ダンスに汗を流している若い女性など，いろいろな形でスポーツを楽しんでいる人が増えてきた。それにはいろいろな理由が考えられる。運動不足だから，仲間と一緒にスポーツを楽しみたいから，さらに強くなりたいから，生活にハリを持たせたいからなど，さまざまな動機でスポーツを行っている。

　このように，スポーツが一部の若者が楽しんでいたものから，老若男女あらゆる層の人々に広がっていくとともに，スポーツをする目的も多様化している。このような状況に対して，行政も**地域スポーツの振興，生涯スポーツの充実**に力を入れている。十分とは言えないまでも施設の整備やスポーツ教室の開催，そこからのクラブ育成，さらに指導者の養成などいろいろな試みを具体的に実施している。

<!-- 地域スポーツの振興　生涯スポーツの充実 -->

　また，民間のスイミングスクールやアスレティッククラブもあちこちにできている。このようにスポーツへの関心が高まり，地域の中で多くの人がスポーツに参加するようになってきた反面，自分さえスポーツができればよいというスポーツの愛好者が増えてきたことも事実である。

　これはスポーツを1人でも多くの人にと思いながら指導してきたスポーツ指導者にも責任のある問題である。私たちはスポーツの持っている楽しさ，すばらしさをみんなで共有し，地域の中でスポーツを通じてみんなで楽しみながら，その輪を広げていくという豊かな活動を願ってい

る。単にスポーツをする人が増え，スポーツのクラブがたくさんできたという量的なことだけでは必ずしも地域のスポーツ活動が豊かに育っていかないという反省も含め，地域のスポーツ活動が地域にねざしたものになり，地域でのスポーツ活動が豊かになる条件を考えてみる。

### 1） スポーツの楽しさを保障する

　スポーツをする大きな目的は，「スポーツが楽しいから」である。だれもがスポーツに参加し，地域の中でスポーツが広まっていくためには，スポーツのもっているその楽しさをみんなに保障することが大切である。

　経験者や上手な人だけが楽しめて，初心者や下手な人が楽しめない活動では，結局一部の人のものとなってしまう。スポーツのおもしろさ，楽しさは，種目によって違いはあるが，その基本はゲームの持つ楽しさといってもよい。

　いろいろな技術の練習もゲームを楽しむためにある。とくに，初心者にとっては曲りなりにもゲームができたという達成感は大きな喜びとなる。スポーツの中には1人でも楽しめるものもあるが，仲間と競争したり，協力することで一層楽しみの幅が広がり，さらに，みんなで共同して活動したという体験を通しての喜びもある。したがって，初心者でも上級者でもだれもが**スポーツの楽しさ**を味わえる活動を保障することが大切になる。

スポーツの楽しさ

### 2） 自分たちで活動できる力を持つ

　スポーツは**自主的・自発的活動**が基本となり，他人から強制されたり，いやいやながらやるものではない。初心者も最初は指導者や周囲の人の手を借りて活動を進めていく。しかし，いつまでもまわりの人に援助してもらっているわけにはいかない。あるレベルまでいったら自分で独り立ちしていくことが必要になる。また，クラブ活動も，クラブのメンバーの自主的な活動になることが理想といえる。

自主的・自発的活動

　しかし，現実的には，メンバーが知恵を出し合いながら活動をすすめ，その中で起こる問題をみんなで解決していこうという姿勢が薄れていくことが多い。

スポーツは，個人的な楽しみが参加の動機になることが多いが，その活動がより豊かになるためには，スポーツを行う1人ひとりが，「**スポーツの主人公**」として，自らスポーツできる力量を身につけることが大切である。また，指導者もこのようなスポーツ愛好者が育つよう配慮することを忘れてはならない。

> スポーツの主人公

### 3） より多くの人たちと楽しむ

みんなで楽しもうと始めたスポーツ活動も，時間の経過とともに技術の差が出始めることになる。さらに，スポーツに対する取組みや意識の差が出てくると対立が起きることも多い。自分の気のあう仲間だけでまとまったり，同じ技術レベルの人だけで集まるなど，どんどん小さな集団になる傾向がある。

クラブは，「入会が自由」であるという開放性が原則である。地域の中でクラブを通して豊かな活動を展開するためには，加入希望者を受入れ，多くの地域住民と共に活動することが大切である。スポーツが一部の若者から，みんなのものに広まってきた経過をふまえ，それをさらに広げていく努力が必要であると考えられる。

### 4） 問題を克服しながら

地域の多くの人々と共に活動を展開し，活動の輪が大きくなるにつれ，いろいろな問題がもち上がってくる。それは，クラブの内部問題もあれば，外部からくる問題もある。そのような問題が生じた時に，みんなで解決していかなくてはならない。スポーツを通じてできた小さな輪が，だんだん大きくなり，楽しみの幅が広がってきたときに，問題が生じたからといってそこでつぶれて活動がなくなるか，少しでも前に進めるかは大きな分岐点である。メンバーのレベルの差による対立のような**スポーツの内的条件**による問題や，施設の問題など**スポーツ活動を取り巻く外的な条件**による問題などいろいろな問題を1つひとつ解決することが，みんなで楽しむ活動そのものの力をつけることになり，それが，地域スポーツが豊かに展開することになると考えられる。

> スポーツの内的条件
>
> スポーツ活動を取り巻く外的な条件

## （2） スポーツの新しい流れ

　わが国の体育・スポーツは1980年代の後半から新たな局面をみせ始め、旧文部省の機構改革で体育局に生涯スポーツ課ができたり、**保健体育審議会**の答申で「**生涯スポーツの充実**」が掲げられるなど、**生涯スポーツ推進**の時代を迎えている。

　その後、旧文部省から発表された「**21世紀に向けたスポーツ振興の基本計画**」では、生涯スポーツ社会の実現に向けての政策目標が具体的に示されており、スポーツ実施率の増加を目指している。

　たとえば、1988年から旧文部省・都道府県・日本体育協会・日本レクリエーション協会および全国体育指導委員連合が主催する**スポーツ・レクリエーション祭（以下スポレク祭）**が開催されるようになった。スポレク祭は広く国民にスポーツ・レクリエーション活動を全国的な規模で実践する場を提供することにより、国民1人ひとりのスポーツ・レクリエーション活動への参加意欲を喚起し、国民の生涯を通じたスポーツ・レクリエーション活動の振興に資することを目的にしており、各年齢層に応じて楽しく参加できるスポーツ・レクリエーション種目が実施されている。

　2000年においては石川県で開催され、全国から約8,400人が参加した。スポレク祭では各都道府県の代表者が参加する約20種目の種目別大会があり、サッカーやテニス、バドミントン、ボウリング等といった従来からの競技スポーツとして認知されている種目をはじめ、グランドゴルフ、ターゲットバードゴルフ、インディアカ、バウンドテニスなど、この数年で普及活動が進んでいる種目も含まれている。その他に、参加資格を満たせば誰でも参加できるフリー参加種目の大会も行われており、「タスポニー」「ペタンク」「パドルテニス」「キンボール」といった、これまでの学校体育ではあまり縁のない、いわゆる**ニュースポーツ**と呼ばれる種目が行われている。

　スポレク祭以外にも**全国健康福祉祭（通称：ねんりんピック）**、全国レクリエーション大会などにおいても、ニュースポーツと呼ばれる種目が正式競技として採用されている。ニュースポーツは英語の「NEW

保健体育審議会

生涯スポーツの充実
生涯スポーツ推進

21世紀に向けたスポーツ振興の基本計画

スポーツ・レクリエーション祭（以下スポレク祭）

ニュースポーツ

全国健康福祉祭（通称：ねんりんピック）

SPORTS」であることから，直訳すると「新しいスポーツ」ということになる。しかし，「新しいスポーツとは何か」という疑問が出てくる。これまで，さまざまな人にニュースポーツとして定着しているが，多くがスローガンであったり，概念であったりして実際には実体がよくわからないまま使われているのが現状である。

　ここでは，ニュースポーツを「①国内外を問わず最近生まれたスポーツ」「②諸外国で古くから行われていたが，最近わが国で普及したスポーツ」「③既存のスポーツ・成熟したスポーツのルール等を簡略化したスポーツ」を包含したものとしておこう。

　ニュースポーツを分類すると先ほどの定義より，「開発型」「輸入型」「改良型」になる。本書ではニュースポーツとしているが，特に呼び方は問題ではない。「レクスポーツ」であっても「**軽スポーツ**」「みんなのスポーツ」など，どのように言っても差し支えはないと考えられる。

軽スポーツ

　ニュースポーツの特徴としては，技術の習得が容易なことから，すぐにゲームを楽しむことができ，参加者の体力の差が，そのまま競技力に反映することなく，年齢・性別を問わずに誰でも活動できることである。また，従来の競技スポーツとは異なってルールに柔軟性があり，「楽しみ」を追求するという新しい理念を持っている。

　ニュースポーツを行うことによって，スポーツイベントの参加者が増加したり，体育・スポーツ嫌いの学生の意識が変わることが報告されているように，これまでスポーツに縁のなかった人を巻き込むものとして適しているといえるであろう。ただ，ニュースポーツの中には競技志向の強い種目や筋力・持久力を必要とする種目もあるので，全てが誰にでもできるということではない。

## 2 地域スポーツクラブの現状と今後の課題

### (1) スポーツクラブと地域スポーツクラブ

　**スポーツクラブ**とは，一般に，スポーツを愛好する者の自発的あるいは自治的団体で規約などの一定規範のもとでスポーツ活動を実施すると共に，会員相互の親睦を深める社交的な団体のことを指す。現在，わが国のスポーツクラブは，下記の4つに分類することができる。

① **地域スポーツクラブ**（スポーツ少年団，婦人バレーボール等）
② **民間スポーツクラブ**（スイミング，フィットネスクラブ等）
③ **学校スポーツクラブ**（中・高等学校や大学の体育会・運動部）
④ **職場スポーツクラブ**（企業におけるサークル等）

スポーツクラブ
地域スポーツクラブ
民間スポーツクラブ
学校スポーツクラブ
職場スポーツクラブ

　これまでは，学校および職場におけるスポーツクラブづくりが行われてきたが，少子高齢化を始めとした社会の変化，そして完全学校週5日制の導入や終身雇用制などの見直しが進む中で，上記①の地域に根ざしたスポーツクラブの重要性が高まってきている。このようなスポーツクラブを地域スポーツクラブという。

### (2) 地域スポーツクラブとその分類

　地域スポーツクラブを分類すると，次のようになる。
① 単一種目のスポーツクラブ（チームとしてのクラブ）
② 上記「①」の連合体

　わが国のスポーツクラブを見ると，単一種目のスポーツクラブがほとんどで，一部にその連合体が見られる程度である。しかし，仲間，施設，指導者，プログラムなどが有機的に結合して定期的・継続的に活動し，スポーツに対する潜在的なニーズを実際の行動に結びつけるスポーツ活動を継続させるというスポーツクラブに期待される機能と，地域住民の活動の核という地域スポーツクラブに期待される機能を考えると，上記2つのものではまだまだ不十分といえる。

そこで現在，注目を集め増加されつつあるのが，地域スポーツクラブの第三の形，**総合型地域スポーツクラブ**というものである。

総合型地域スポーツクラブとは，おもにヨーロッパ諸国などに見られる地域スポーツクラブの形態で，地域において子供から高齢者までのさまざまなスポーツ愛好者が参加できる，総合的なスポーツクラブのことである。

このようなスポーツクラブが育成・定着化されていけば，クラブ自体が地域のコミュニティとしての役割を果たしていくこととなる。

### （3） 総合型地域スポーツクラブの考え方

**総合型地域スポーツクラブ**とは，どのようなクラブであるのか，なぜそういうクラブが今求められるのか，ということについて触れてみたい。

日本の社会は少子化，高齢化を迎えようとしているが，その一方で，ニュータイプのスポーツを開発していこうという動きもあり，スポーツ種目数や団体数は減るどころか，増えていくことも考えられる。このような不安定な状況になってきているため，現状のスポーツチームやスポーツクラブは，外部からの些細（きさい）な圧力により，崩れてしまいかねない状況になりつつある。

これまで生涯スポーツの推進や競技スポーツの振興を支えてきた日本のスポーツを，これからもますます，維持発展させるためには，社会の状況に合わせてスポーツクラブ自体を変化させざるを得ないということになる。その対策として考えられる最良のものとして，それぞれのチーム・クラブが現在まで保持しているものを残しながらも，連合・協力により存続・発展をしていくことであると考えられる。

**日本体育協会**が中心になって進めている総合型地域スポーツクラブは個々のチーム，個々のクラブを連結させていく，束ねていく，ということであり，それらは総合型地域スポーツクラブの1つのモデルになると思われる。

そこで，それぞれの地域で実際に進めていくとなると，何らかの取り組みが必要になる。どの地域で，どういう対象（チーム，クラブや個人）を中心に進めていけば，総合型地域スポーツクラブを育む可能性は広が

るか，それぞれの地域によって異なってくる。たとえば，ある地域は女性，ある地域は高齢者，ある地域は子どもというように，どのような層を対象として選定すればよいかは地域によって異なる。また，種目についても，Aの地域ではサッカーを中心に，Bの地域は剣道と野球を，またCの地域では高齢者向けの，たとえば，ゲートボールなどを中心としたものと，その選択肢はさまざまである。

これまで既存の地域やクラブが個々ばらばらに存在していても，さして問題ない面もあったが，今後は各チーム間や各クラブ間の連携や協力が大変重要になってくる。しかし，そのための調整機能が働かなければ，連携や協力体制は取れないだろうと考えられる。

現在，文部科学省でも生涯スポーツ振興にかかわる基本計画が策定され，その中に総合型地域スポーツクラブをたくさん作っていくことが示されている。それでは作られたものをどこが支えていくのか，その調整機能をどこが果たすのかといえば，市町村の体育協会に大きな期待が寄せられることになる。そのようなクラブ間の調整機能が働かない限り，これから先の総合型地域スポーツクラブの発展は見通しが立ちにくいのではないかと考えられる。

## （4） 地域スポーツクラブと今後の課題

曲がり角にきているといわれている現在の地域スポーツの状況ではあるが，その現状と課題は十分整理されていない。

社会体育という言葉も「上から」の行政的なニュアンスが伴うものであり，さらに「みんなのスポーツ」「市民スポーツ」という言葉により，やや色あせたものとなっている。

したがって，行政でも**市民スポーツ課**と看板を変えているところもある。さらに現実は教育委員会で所管していたスポーツや文化活動がコミュニティ・センターや文化センターの地域的広がりの中で**首長部局**（企画部や総務部など）へ移り，従来の**社会教育・社会体育行政**から切り離されているところもある。

| | |
|---|---|
| | 市民スポーツ課 |
| | 首長部局 |
| | 社会教育・社会体育行政 |

この問題も含めて，今，地域のスポーツは行政の文化化の中で新たに脚光を浴びつつあるといっても良いであろう。しかし，その実態につい

ては新しさの中にも習慣的な課題も多い。それらを整理すると以下のようになる。

### 1）組織・機構面の課題

① すべての人々がスポーツに親しむことができるようにするため，いわゆる「**日常生活における楽しみ型**」と「**高度な競技の業績達成型**」のスポーツの両者が，共存・共栄し調和的に発展できるように，スポーツ行政の体制を充実させる。

> 日常生活における楽しみ型
> 高度な競技の業績達成型

② 各行政段階において，これまで以上に民間の各種のスポーツ団体・組織との共同的システムを整えるため，窓口や係の明確化を図るなど必要な手立てを講じる。

③ スポーツ交流の範囲の拡大化や国際化を図る必要が大きくなると予想されるため，市町村にあっても，それに十分対応できる行政システム（体制）を整備する。

④ 人口規模の大小により，市町村のスポーツ行政組織・機構にかなりの違いが見られる。未整備の市町村においては，スポーツ専管の独立課の設置とまではいかなくとも，係や班などを明確にして，要員を確保するように努力する。

⑤ スポーツ行政に携わる職員の「専門的力量」をいっそう高めるための研修を充実させるとともに，専門的教育を受け，関係資格を有する者の採用を考慮する。

### 2）地域スポーツ行政施策面の課題

① その地域で生活する人々の一般的特性（生活構造，職業構成，年齢構成，意識構造など）とスポーツ特性（好み，関心，経験など），それに地域のスポーツ諸条件（施設，指導者など）との関連を考慮して，市町村独自の施策を企画・立案し，展開する。

② スポーツや運動の楽しさを求める人々に対応することのできる**スポーツプログラム**（スポーツ教室や行事など）を提供する。これを**プログラム・サービス**といい，競技プログラム，レクリエーション・プログラム，学習プログラムなどがある。

> スポーツプログラム
> プログラム・サービス

③ 市町村民の欲求を満たし，継続して主体的にスポーツを実践することのできるようなスポーツクラブを育てる。また，クラブ連合への発展や多様な活動ができるような"**総合型スポーツクラブ**"の育成などを促進する。このようなスポーツクラブの育成・援助をクラブ・サービスという。

　　　　　　　　　　　　　　　　　　　　　　　総合型スポーツクラブ

④ クラブ人やスポーツ行動能力（技能面も含めて）の高い人たち向きのものばかりではなく，初心者や障害を持った人たち，さらには，スポーツに引っ込み思案の人たち向けの活動フィールド（場）を提供する。このようなスポーツ施設の整備・充実および運営を，**エリア・サービス**という。

　　　　　　　　　　　　　　　　　　　　　　　エリア・サービス

⑤ スポーツ交流の範囲の拡大化や国際化を図るための市町村スポーツ行政施策の推進と指導者の視野の拡大に努める。

## 3）公共スポーツ施設の整備と拡大

① バブルの崩壊などにより，お金のかからない場所でスポーツを行うことへの志向が強くなってきている。そのため，いわゆる**「公共」スポーツ施設**の整備と拡大が必要となる。少しずつ公共スポーツ施設は増加の傾向にあるが，使いやすさや衛生面での整備が望まれる。

　　　　　　　　　　　　　　　　　　　　　　　公共スポーツ施設

② 「誰でも」「いつでも」「どこでも」というのが理想である。しかし現状では，

　a．「誰でも」という場合，障害者のための施設や高齢者のための施設，子どものための安全な遊び場などが不十分である。

　b．「いつでも」という場合，働いている人が時間的制限を気にせずにスポーツを行える施設が不十分である。

　c．「どこでも」という場合，商業スポーツ施設は設置されていても，お金がかからず気軽にできる施設が少ない。

というような課題があげられる。

③ 公共スポーツ施設として，学校施設があげられるが，よりいっそう長期的行政的な計画のもとで学校開放を行い，施設の拡大や充実が望まれる。

④ 文部科学省から，地域において子どもから高齢者，障害者までさ

まざまなスポーツを愛好する地域スポーツクラブとして「総合型地域スポーツクラブ」育成の事業が進められている。それを通して，地域活動と縁遠い大学生，勤労青年まで，地域の住民意識を持つことが期待される。

### 4）指導者育成の課題

① 誰でも，気軽にできるのが生涯スポーツの基本であり，あまり指導を受けなくてもできるのが，生涯スポーツである。しかし，技術，生理学，運動方法論などの適切な指導が受けられるに越したことはない。歴史的にみると，**スポーツ振興法**に基づき 1960 年代から体育指導員の制度ができ成果をあげてきたが，現在では，**保健体育審議会**の答申で「市区町村におけるスポーツ振興の推進者，コーディネーターとして，高い資質が求められているので，今後地域住民のスポーツ活動に対するニーズの高度化・多様化に対応した研修内容の充実を図る」ことが**体育指導員**に求められている。すなわち，直接的な実技指導より，地域のスポーツ振興のためのまとめ役としての活動が望まれる。

② 運動技術の教授者としての指導者の役割は重要な要素となるが，文部科学省でも「**スポーツリーダーバンク事業**」や「**社会体育指導者派遣事業**」を推進している。しかし，現状ではスポーツ指導員を置いている公共スポーツ施設は約4分の1に過ぎない。指導員を配置している施設でも1施設あたり約3名であり，その4分の3が非常勤で，報酬もわずかである。文部科学省は**社会体育指導者付与制度**を発足させたが，十分な効果をあげているとは言いがたいのが現状である。

③ 若いときに学習した知識と，現在の知識・情報とでは異なるので，どんな年齢になったとしても新しい情報を講習会，研修により取り入れる必要がある。たとえば，以前は根性論の下で練習中は水分を補給してはならないといわれていたが，現在のスポーツ生理学では，失った水分を十分に摂取するように指導することが常識となっている。このように，従来の知識，情報は通用せず，新しく変更されている場合も少なくない。

以上，4つに分け課題を整理してきたが，過去「社会体育」で問われ

スポーツ振興法

保健体育審議会

体育指導員

スポーツリーダーバンク事業
社会体育指導者派遣事業

社会体育指導者付与制度

てきたものが，大きい2つの流れの中でとらえられるように思われる。1つは1980年代から積み上げられてきたスポーツの主人公にふさわしい住民像，クラブ像とそれを専門的に支える指導者像，職員像の問題である。もう1つは行政全般に鋭く迫られてきている「合理化」「委託」「事業団方式の浸透と民間産業(カルチャーセンター・民間スポーツクラブ)」などの進出への対応である。しかも，前者は後者の影響を受けてかなり屈折し，停滞もしくは後退，あるいは擬似的「住民参加」「住民自治」が進行しているという側面すらみられる。

## 3 地域スポーツを推し進める人たち

### (1) 指導者に今求められているもの

「私はエアロビクスが教えられる」「おれはバスケットボールの指導をしてきた」等，スポーツの指導者というと実技指導者を思い浮かべ，その種目の指導が上手であれば優秀な指導者といわれる傾向にある。しかし，市民スポーツに参加する動機および目的が多様化し，いろいろな市民がスポーツを行うようになってきた今日，指導者は単に自分の専門種目の技術指導だけで満足してはいられない状況にある。

市民は指導者に対して，種目の指導のみならず，体力づくりのトレーニングや健康体操，レクリエーション・ゲームの実技指導をはじめ，解剖学や運動生理，スポーツ傷害の知識も求めているのが現状である。さらに，クラブ運営のあり方や人間関係に至るまでアドバイスを求めてくることもある。

スポーツの指導者については，いろいろな役割を果たす人々がいるが，指導場面で直接市民に接するのは，主に実技指導者であり，それだけに，この指導者の影響が一番大きいといえる。したがって，特に実技の指導に携わる者は，「指導者としての自覚」を持つと共に，常により良い指導者を目指して力量を高めることが必要であると考えられる。

## 1） 好ましくない指導者の具体例

　自分では良かれと思っていても受講者やその周りの人から苦情のでる指導者がみられる。ここでは，特に実技指導者として好ましくない例をあげ，そこから逆に現在求められている指導者像を探っていくことにする。

　① 自分の経験で指導する指導者

「私の若い頃は，このようにやってきた」「私たちはこうやって覚えたから，そのようにやりなさい」等，スポーツ指導者はとかく勘と経験で指導しているといわれる傾向にある。自分が修得してきた方法をそのまま取り入れようとする。

　しかし，指導者がプレーした状況と受講者の状況は，からだ，環境，年齢により異なる。そのため，経験だけによる指導は好ましくないといえる。

　② 科学的に指導できない指導者

　選手が質問しても「スポーツは理屈ではない。とにかく量をこなせばうまくなる」と，ごまかしてしまう指導者がいる。また，熱心に理屈をこねて説明しているが，的のはずれた説明をしている指導者もいる。

　スポーツ技術やからだの動きもそれぞれ科学的な根拠があり，それを理解し，皆が納得できるよう説明できなければ真の指導者とはいえない。

　スポーツ医学の分野において，年々，さまざまなことが科学的に解明されつつある。従来，常識とされていた情報であっても非科学的なことも多く，科学的な情報が市民にも入るようになっている現在，ありふれた常識を振りかざすことは避けねばならない。

　③ 周囲の状況が把握できない指導者

　選手が動きたくてうずうずしているのに，いつまでも話をする指導者。受講者が苦しくてバテているのに，さらに追いこもうとする指導者。市民スポーツには，いろいろな人が参加している。その1人ひとりの状況を把握した指導をしなくては，良い指導者とはいえない。1人ひとりを把握するというのは，以下のようなことである。

　　a．1人ひとりのスポーツへの動機・目的を把握する。
　　b．1人ひとりの活動中の状況を把握する。

受講者の立場を考えずにマイペースの指導をすると，指導者と受講者は乖離した関係になっていくと考えられる。

④　自分は偉大であると思っている指導者

「なぜ，私の言うとおりにやらない」「私は指導者として，みんなのためにつくしてきた」「私に話を通さないで，どうして勝手に決めた」等の声をよく耳にする。指導的な立場になるや否や，偉くなったと勘違いしている人がみられる。また，周囲から「先生，先生」といわれているうちに，いつのまにか自分は偉い人だと錯覚する人も多く見うけられる。

直接表現しなくとも，言葉の端々にわずかな態度でも見えると，受講生だけでなく周りにいる人々からも少しずつ浮いた存在となるため，注意が必要である。

⑤　自分が頼りにされていると思っている指導者

「先生がいないとうまくいかない」「先週は先生がいなかったので集まりが悪かった」といわれて自分が頼りにされていると思っている指導者が多い。確かに受講者は指導者を頼りにしている。しかし，スポーツを「自主的・自発的な活動である」とすると，いつまでも指導者がいなければ活動できないということでは，良い指導を行ったとはいえない。すなわち，いつまでも頼られているようでは，自分はまだ良い指導者ではないと考えた方が良い。

⑥　上手な人にしか目の向かない指導者

技術的にレベルの高いメンバーが，「うちの指導者は最高」といっている陰で，十分な指導をしてもらえずに不満に思っている初心者がいるクラブがある。もちろん，指導者の役割に受講者の技術レベルを引き上げることが，第1にあげられるが，それが全てではない。時に，指導者の中には，「自分の指導のおかげで彼はうまくなった」「彼女が伸びないのは素質がないからだ」というような思い上がった考えをしている人も見うけられる。地域スポーツに携わる指導者は，上手な人を引き上げる以上に，初心者に目を向け，継続的活動へと仕向けることができるか否かに，その力量がかかっているといえる。

2) 指導者に求められるものは何か

　スポーツの世界は良きにつけ悪しきにつけ，自分が経験したものを受け継いで行く傾向にある。前項にて，好ましくない指導者の例を取り上げたが，今指導者に求められている資質を整理すると，次のようになる。これは，実技指導者のみならず，クラブの運営に携わる者，企画に携わる者など全ての者にいえることである。

① 1人ひとりがどのような目的・動機でスポーツに参加してきたかを把握する能力と手段を持つ。
② 何をどのように指導するか，さらに将来どのようにするか，という指導者の目的と将来の展望をしっかりと持つ。
③ 理論的・科学的に指導する指導力と，それを誰にでもわかりやすく伝えられる表現力を持つ。
④ 周囲の状況を的確に判断し，客観的に対応できる能力を持つ。
⑤ 1人ひとりを大切にし，公平な指導力を持つ。
⑥ すべての人がスポーツの主人公として「自主的・自発的」にスポーツができるように育てる指導力を持つ。

3) これからの指導者

　今までの指導者は，技術の指導，それも大半は自分が行ってきた種目の指導ができれば良しとされてきた。そして，技術面での指導力が，その指導者の評価を左右していた。しかし，地域スポーツが振興し，生涯を通じてのスポーツ活動が奨励されている中でのこれからの指導者は，技術の指導だけでは十分な指導力を持っているとはいえなくなっている。スポーツの指導は何かというと，受講者が

① 自らの力で，自主的，自発的なスポーツ活動を進めていく
② 生涯を通じての継続的な活動を進めていく
③ みんなで楽しめるような活動を進めていく

ことができるよう，援助していくことにある。

　すでに，指導者の号令のもとで全員一斉に指導者の指示どおりに動くという活動パターンの時代は終わったといえる。指導者自らが楽しんできたスポーツの素晴らしさを伝え，自分と同じようにスポーツを愛し，

楽しめる仲間を増やしていくことで，地域でのスポーツの輪を少しでも広げていくことが指導者に求められる役割である。

　これからの地域スポーツの指導者は，実技を指導する人，企画・立案に関わる人，クラブリーダーとして関わる人などが集まり，「自主的・自発的な」「継続的な」「楽しい」というスポーツの基本に基づいた活動を地域の中で広げていくことが大きな役割となってくる。そのためには，それぞれの指導者が自らの実践をまとめ，それを記録に残すことが必要であり，それらを持ちより研修を行い，指導者の交流とレベルアップを図ることが求められているといえる。具体的に指導者としての資質を高めるには，指導場面を離れて次のような努力をする必要がある。

　①　研修会・講習会などに積極的に参加する。

　時に，自分の専門種目以外のものにも参加すると，別の視野から指導できることが多い。

　②　指導記録・活動記録を残す

　指導者はとかく，話すこととからだを動かすことは得意であるが，書くことは苦手な人が多い。

## 4）聞き上手になる

　指導者は，相手の話やみんなが話しているのをじっと聞く姿勢が必要である。

## 5）話すことに興味を持つ

　指導者は自分の考えを正確に伝えなければならない。自分が上手に話せるようになるために，映画や演劇を見たり，ニュースキャスターの話し方に興味を持つことも大切である。

## 6）地域住民と接する

　スポーツに参加してきた人に対して指導するだけでなく，積極的に地域の中に入っていく姿勢も必要である。

## （2） 地域スポーツを支える指導者

### 1） 地域スポーツを推進する企画・立案者

　地域スポーツの指導者はスポーツの技術指導に限定されるものではない。むしろ，地域スポーツの豊かな発展のために，どのような事業，どのような活動を展開していったらいいかを企画・立案していく**プランナー**としての役割を担わなければならない。従来はややもすれば行政の下請け的な存在で，与えられた企画にただのっかり，指導するという側面が強く出されていたのは事実だが，住民との接触によって得た情報は，住民のあるいはスポーツ愛好者のスポーツへの期待，要求をもっとも的確にキャッチしたものであるはずである。

　このような住民のニーズに合わせるだけでなく，一方でこれからのスポーツの発展の方向を模索しながら，今何が大切かを判断し事業・活動に対して効果的な助言・提言をしていくことが大切である。

　このような**地域スポーツ指導者**は，行政の中にいる専門職の者は言うに及ばず，体育指導員・スポーツ指導員・クラブリーダー，その他の指導者にもあてはまる。

> プランナー

> 地域スポーツ指導者

### 2） スポーツの組織者・世話役としての指導者

　地域スポーツの指導者の重要な役割として，地域にスポーツクラブを育て，地域スポーツの啓蒙を推進していく**オルガナイザー**としての側面が今日強く求められている。しかし，これは，この指導者が強引に地域の人たち，スポーツ愛好者を引き回すことではない。むしろ，地域のスポーツ愛好者・施設の利用者，あるいはこれからスポーツ活動に参加したいと願っている人々の世話役的な側面の方がより重要である。

　場所の確保や指導者の手配，借用願い等々の実務的な手伝いや，時には代行ということも含めて，まさに利用者・愛好者，住民にとっては頼り甲斐のある世話役活動が求められている。

　クラブ同士の交流や事業・大会などでは準備も多く，縁の下の力持ちがいてはじめて成功させることができる。やがてこのような地道な活動の積み重ねにより，地域にスポーツ活動の大きなうねりを作り出すこと

> オルガナイザー

ができる。したがって，ある意味では「仕掛け人」ともいえる。地域スポーツ活動の仕掛け人，組織者といえるであろう。このようなオルガナイザーの仕事としては，指導者と住民・利用者・対クラブ・行政へのかけあい・交渉という仕事の他に「たより・ニュース」を発行し，地域のスポーツ活動を盛り上げていくこと，クラブ連合を組織し，強化していくことなども必要といえる。

　また，本書では取り上げていないが，クラブにおける指導者の役割・仕事などについては直接指導場面での対応が必要である。

# 4　地域スポーツ活動とそのプログラム

## (1) 地域スポーツのプログラム

　地域の中で人々がスポーツ活動を楽しむためには，いろいろなプログラムが必要になる。スポーツクラブなどで活動している人には発表の場，交流の場としてのプログラム，地域のみんなが楽しむ場としてのプログラムなど，それぞれの目的に応じたプログラムが必要となる。これらのプログラムは，地域住民が自主的に行うこともあるが，一般的には行政が実施する場合がほとんどである。

　地域住民がさまざまな立場から参加できるプログラムを用意することも，地域スポーツ活動を豊かにする上で重要である。

### 1) スポーツ教室

　**スポーツ教室**は，地域住民に対して継続的な活動を促す意味で社会体育の看板的な存在である。スポーツ教室は，「住民に対してスポーツへの機会を提供する場」といえるが，特にスポーツをしたいができない住民にとっては，スポーツに出会う絶好の機会となる。したがって，**市町村の社会体育行政**でも住民のスポーツ欲求を満たす事業として数多くのスポーツ教室を実施している。卓球やテニスなどの種目スポーツ教室から，社交ダンスやエアロビクスなどの教室まで，さまざまな教室が行われて

［欄外：スポーツ教室　　市町村の社会体育行政］

いる。また，それらに参加する市民も多く，種目によっては抽選をして参加者を決めるものもある。

　このように，スポーツへの機会提供として重要な役割を持つスポーツ教室であるが，時に，教室を多く実施しているとか，参加市民が多いという数の評価や昨年も行ったから今年もまたというマンネリ化した企画に陥りがちになる。スポーツ教室に地域住民が参加し，それが豊かな活動へと展開していくためには，以下のことが大切となってくる。

① 教室の狙い，目的を明確にさせること。
② 目的にあった対象者が参加できるように広報面で配慮すること。
③ 目的にかなった指導が展開できるよう十分な準備ができていること。
④ 可能な限り教室後も活動が継続できるよう運営面，指導面で配慮すること。

## 2）スポーツ大会

　スポーツ教室は普段スポーツをしていない人がスポーツへ参加する動機づけを図る重要なプログラムであるとするならば，**スポーツ大会**は，すでに活動を行っている市民が「日頃の成果を発表するとともに，他の愛好者と交流を深める場」として重要な役割を持つプログラムである。

　スポーツ大会は，市町村の行政が行う場合と，それぞれの競技団体・連盟などが行う場合がほとんどである。いずれにしてもこれまでの大会は，レベルの高い選手を対象にした競技大会が主であった。そして，これらの大会は伝統もあり大会の運営も確立されている。

　しかし，スポーツにいろいろな層の市民が参加するようになり，多様化している今日，スポーツ大会は，1人のチャンピオンを決めるだけでは十分な役割を果たさなくなっている。それぞれの種目のチャンピオンを決める大会を残しながらも，地域住民がさまざまな形で大会に参加できることが必要である。そのためには，

① 大会開催の目的をはっきりさせること。
② ランク分けや初心者の部を設けるための大会など，レベルにあった人とゲームを楽しめること。

スポーツ大会

③ リーグ戦や敗者復活戦などを取り入れ，できるだけ数多くゲームを楽しめること。
④ 単にゲームに参加するだけでなく，運営面にも参加し，自主運営ができるようになること。
⑤ 大会をスムーズに運営するために，事前に審判講習会を行うなど，大会に結びつく幅広い対応を考えること。
⑥ 日常の活動が活発になる大会にすること。

などを配慮することが大会を有意義なものにしていくことになる。

## 3） スポーツ行事

わが国のスポーツ活動は，長い間行事中心のプログラムであった。大会も1つの行事であるが，大会が勝負を中心に行われるのに対し，行事はどちらかというと，楽しみを中心にしたものといえる。行事は運動会やレクリエーション大会，さらに最近では，各種スポーツのつどいやスポーツフェアというものも増えている。

**スポーツ行事**は単発的に行われるものであるが，教室と同様に「スポーツへの機会を提供する場，動機づけの場」として大切なものである。行事を実施するときには，どうしてもその1日がうまく終わればよいという傾向になりがちである。とにかく人が集まったからよかったという評価で終わり，次のステップにつながらないケースが多く，そのことで，行事はあまり意味がないプログラムだという人もいる。しかし，スポーツへの意識づけ，動機づけの場として地域のスポーツ活動を豊かにしていく手段として大きな役割を持っている。その役割を十分果たすために，次の点に留意する必要がある。

スポーツ行事

① スポーツの狙いをはっきりさせること。
② 呼びかけたい対象が参加できるように，PRを十分考えること。
③ 不特定多数の参加者が安心して活動できるように，種目の選定，実施の方法，ケガへの対応なども十分に配慮すること。
④ 実行委員会や準備委員会などを設置して，地域のいろいろな人々と関わりながら具体化していくこと。
⑤ 行事の後に，それが日常活動と結びつくものを用意すること。ま

た，活動できる場などのPRができるようにすること。

### 4） 体力測定会

　運動不足や健康への不安など，時代を反映して**体力測定会**への参加者は多い。また，最近はデジタル器具の導入やコンピュータの活用などにより，そのような機器に興味を抱いて参加する人もいる。いずれにしても，住民1人ひとりが，「自分のからだに対して関心を持ち，得られたデータをもとに自分に合ったスポーツ活動を展開するための場」として大切な役割を持つプログラムである。

　体力測定会は，他のプログラムのように皆で楽しみの輪を広げていくという視点はあまりない。しかし，1人ひとりのからだに関して科学的な目をもって対応し，測定後の活動に結びつけることで地域での豊かな活動のプログラムになる。そのためには，下記のようなことが大切である。

① 短時間で体力チェックをするか，正確に体力を判定するかのねらいをはっきりさせること。
② 目的に応じたテスト項目，方法をきちんとおさえること。
③ 結果を明らかにし，これからのスポーツ活動や体力づくりの目標が持てる資料を用意すること。
④ 単にデータを示すだけでなく，カウンセリングなどを行い，体力相談などに応じることのできる体制をつくること。
⑤ 事故がおきないようにテスト前に準備運動をさせるなどの配慮をすると同時に，安全にかつ正確な測定ができるようテスターの教育を十分に行うこと。

## （2） プログラム指導の実際

　参加者全員がスポーツに親しみ，楽しいスポーツ活動を展開するためには，指導者は指導の狙い，方法などに方針をもたねばならない。教室を例に考えると，
① 教室全体の狙い・目標を設定する。
② 全体の流れをレイアウトする。

③ 各回ごとの目標を設定する。

④ 各回ごとの内容・方法を考える。

という作業がある。これを具体的にしたものが，一般的に指導計画や指導案といわれるものである。ここでは，いくつかの具体的な教室を例にあげ，目標，プログラム，配慮する点等を考えていく。

## 1） 幼児体育教室「動き，イメージづくり，自己表現力」

幼児体育教室

幼児を対象とした教室では，子どもの発育・発達に応じた目標，活動の目安が必要になる。さらに，指導する上でどのようなことを基本に置くかも必要になる。たとえば，ある社会教育センターの教室では，次のような点に配慮しながら教室を実施している。

① 幼児体育指導の基本

　a．生活になじみのある動きを大切にし，しっかりとできることを確認する。

　b．大人の目には未完成で不十分でも，子どもの発達に見合った内容と1人ひとりの成長・発達のペースを大切にする。

　c．裸足など，素肌で自然そのものを感じさせる活動を大切にする。

以上のようなことをおさえ，表5-1のようなプログラムを展開する。

② 配慮する点

　a．地域の中で「子育て」の機能も果たすために，親との関わりを求める。

　b．用具運びなどもみんなで行い，集団の中で子どもが育つようにする。

　c．お泊り会や父母懇談会，いろいろな行事を通して親たちに指導方針などの理解を求める。

## 2） 婦人体操教室「楽しく，気長に，美しく」

婦人体操教室

成人，特に婦人を対象にした体操教室は，いろいろな動機で参加してきた人の集まりである。大別すると，ダイエット，健康・疾病予防，精神的なストレス解消，仲間づくり等の目的に分類できるであろう。しかし，これらの全てを1つの教室で満たすことはできない。たとえば，あ

● 表5-1a ● 年齢による発達と活動例　1歳児～3歳児

| | 運動技能の発達段階 | 具体的な運動技能 | 精神発達の特徴 | 活動例 |
|---|---|---|---|---|
| 1歳児 | 移動運動の技能期（0～2歳位）<br>具体的な移動の運動<br>・ねがえる<br>・転がる（前転、後転）<br>・はう<br>・つかまり立つ<br>・歩く | 12ヵ月→椅子の上を登ったり、降りたりする。<br>15ヵ月→はいはいしなくなり、200mほど歩く。階段をはって上る。<br>18ヵ月→少し高い所を歩きたがる。体操をまねする。<br>21ヵ月→片足で立つ。少し高い所から跳び降りる。片手を支えられ階段を上り下りする。 | ・興味が外へ向かうけられても何でもやりたがり、探検を好む。<br>・新しくそなわった歩行技能を使う。<br>・言葉を理解し、話すことができるようになる。<br>・友だちにあまり興味を示さず1つの遊びは長続きしない。 | ○歩行が開始され、習熟する時期なので、歩くことを十分行う。<br>○未知への探索の意欲が強いので室内だけでなく、広い場所、安全な坂道等を歩く。<br>○少し高い所や狭い所、また、いろいろな物を持って保育者の介添でも歩く。<br>○階段の上り下りを保育者の介添する。<br>○すべり台、ボール、縄、マット等を置いて好きなように使う。 |
| 2歳児 | 基本的運動技能期（2歳～6歳位）<br>具体的な基本的技能<br>・歩く<br>・走る<br>・跳ぶ<br>・バランスをとる<br>・登る<br>・ぶらさがる<br>・押す<br>・引く<br>・すべる<br>・投げる<br>・蹴る<br>・泳ぐ<br>・打つ | ・歩くことから未熟な走ったり、降りたりができる。<br>・物にぶらさがる。<br>・よく走るが、まっすぐ走ることは十分ではない。<br>・両足でピョンピョン跳ぶ。<br>・ボールを投げ、受け、転がすことができる。<br>・置いたボールを蹴る。 | ・模倣遊びを好む。<br>・情緒の動揺が激しく反抗期とよばれる。<br>・自分のことは自分で行おうとする。<br>・同じ年齢の友だちに興味はあるが協調して遊ぶことは上手にできない。<br>・母親や保育者が側にいないと不安になる。 | ○歩、走りを中心とした運動を十分行う。<br>○模倣をあそびの中でいろいろな動物や物になってさまざまな種類の走り、歩、跳、ジャンプをする。<br>○ボールを自由に転がしたり、蹴ったりして扱ってみる。<br>○ブランコやすべり台、ジャングルジム等を使って、保育者と一緒に遊ぶ。<br>○さまざまな条件での歩行（まっすぐ、高く、段階等）を行ってみる。 |
| 3歳児 | | ・歩く、走る、跳ぶなどの技能が安定する。<br>・歩く、走る、つかまる等をいろいろな遊具を使ってできる。<br>・歩きやすい曲に合わせて歩く。<br>・片足ケンケンができる。<br>・50cm位を跳び降りる。<br>・ヨーイ・ドンで安定して走ったり、転ぶことが少なくなる。<br>・ボールを蹴りやすくなる。<br>・ボールの受け、投げができる。<br>・不安定な前転ができる。 | ・身のまわりのことはかなり自分でできるようになる。<br>・約束を守ることができ、お手伝いをする。<br>・友だちと一緒に遊ぶことを喜ぶ。<br>・ごっこ遊びが多い。<br>・順番を守ったり、物を貸したり、友だちと協調する場面が見られる。 | ○いろいろな歩き方、跳び方を経験する。<br>○曲に合わせて歩いたり、走ったりする。<br>○まっすぐ、スピードをつけて走る。<br>○平均台、マット、跳び箱を使って、歩、走り、跳びやってみる。<br>○固定遊具で自由に遊ぶ。<br>○保育者とボールの投げ、渡しをしてみる。<br>○マットを使っていろいろな転がり方をやってみる。<br>○いろいろな遊具を扱ってみる。 |

● 表5-1b ● 年齢による発達と活動例　4歳児・5歳児

| 運動技能の発達段階 | 具体的な運動発達 | 精神発達の特徴 | 活　動　例 |
|---|---|---|---|
| 4歳児　基本的運動技能期（4歳児後半から10歳）　スポーツ的・ゲーム的技能期<br>・すべる<br>・はずませる（ボール）<br>・立つ<br>・しゃがむ<br>・転がる<br>・まわる（前転、後転）<br>・逆立ちする<br>・乗る<br>・渡る<br>・跳び降りる<br>・跳び越す<br>・ふむ | ・しっかりした走り方が身につく。<br>・25mを9〜6秒の間で走る。<br>・ホップができる。<br>・スキップ（女児に多い）ができる。<br>・いろいろな動きの組み合わせの体操をする。<br>・動いているボールを蹴る。<br>・自分で投げたボールを受ける。<br>・平均台のいろいろな渡り方ができる。 | ・よく話し、質問が多い。<br>・活動的な遊びがさかんになり、意欲的に取り組む。<br>・大人の要求に従って行動しようと試みる。<br>・友だちと遊ぶことが多くなる。<br>・目標や目的を作って自分の力を発揮しようとする。 | ○積み石、平均台、高低のある所をバランスよく歩く。<br>○歩き、走り、ジャンプを曲に合わせる。<br>○走り、しゃがみ、止まりを遊中に入れ、動きの組み合わせをする。<br>○リレー、障害物走をやってみる。<br>○ボールの技能が向上するのでいろいろな技能を練習してみる。<br>○投げる、受ける、打つ、転がす、渡す、運ぶ、つく等、自由にボールを扱う。<br>○縄を自由に扱い、縄とびのいろいろをやってみる。<br>○いろいろな車に乗ってみる。（スクーター、三輪車、自動車等）<br>○簡単なボールゲームや鬼あそびをやってみる。 |
| 5歳児　・スキップする<br>・ホップする<br>・ギャロップする<br>・くぐる<br>・止まる<br>・かつぐ<br>・支える<br>・つかむ<br>・つむ<br>・たたく<br>・すもうをとる<br>……<br>etc（84種）<br>鬼あそび<br>ドッジボール<br>転がしベース<br>リレー等 | ・長い距離を走ったり、歩いたりできる。<br>・ギャロップできる。<br>・リレーや競走を好んで行う。<br>・いろいろな動きの組み合わせができる。<br>・25mを7〜5秒台で走る。<br>・簡単なサッカーやドッジボールができる。<br>・ボールを投げる距離が伸びる。<br>・大縄の大波、小波、縄波の前まわし跳びができる。<br>・いろいろな前転をする。<br>・補助で2輪車に乗れる。<br>・跳び箱の3〜5段位を跳ぶ。 | ・基本的習慣はほとんど自立する。<br>・友だちや大人と協調してスムーズに交流することができる。<br>・いろいろな仕事を喜んで手伝う。<br>・自分たちで何事も解決しようと試みる。<br>・ルールを守ることに厳しくなり破ることを批判する。<br>・グループ毎の活動を好み、役割分担や協力を進んで行う。 | ○長い距離を歩くことを積極的に行う。<br>○いろいろなリズム運動やフォーク・ダンスを取り入れる。<br>○リレー形式でいろいろな動きをやってみる。<br>○目標に向かってボールを投げたり、蹴ったり、転がしたりする。<br>○思いきり遠くへボールを蹴ったり、蹴ったり、打ったりする。<br>○縄とびの遠くの跳び方（前まわし、後まわし、けんけん跳び等）をやってみる。<br>○ボールゲーム（三角ベース、ドッジボール、ラインサッカー等）をやってみる。<br>○固定遊具を使って、サーキット遊びをしてみる。<br>○いろいろな鬼あそびを大勢でする。 |

出典：岩崎洋子「たのしい運動あそび」チャイルド本社、1986年より

る体操教室では，次のような内容で教室の指導に当っている。

① 教室の目標
　a．自らの生活を生きいき過ごせる。
　b．参加者同士の仲間意識を大切にする。
　c．日常生活の中に運動を習慣として取り入れる。
　d．人から強制されるのではなく，自ら進んで，楽しく，しかも誰もが参加できる教室，活動を育てる。

② プログラムの柱
　a．音楽体操・立位ストレッチ
　b．楽しく踊ろう
　c．ストレッチ体操
　d．予防体操
　e．ゲーム・ダンス
　f．トレーニング
　g．マッサージ

③ 配慮する点
　a．季節により内容を多少変化させる。冬はからだを温めるために音楽体操を多く入れるなど。
　b．日常気軽にできる運動や体操などを紹介する。
　c．一斉指導だけでなく，グループに分かれた活動も取り入れる。
　d．形式的な美しさだけにとらわれず，その人に合った動作，速さ，強さになっているかどうかチェックする。

## 3) 初心者バレーボール教室「動き，ボディコントロールを中心に」

初心者バレーボール教室

バレーボールをはじめとする種目スポーツの指導は，基礎技術をマスターして最後にゲームを行うという形をとる。しかし，初心者はなかなかゲームまでたどりつかない。技術は身についてもからだが動かないなど指導上多くの問題がある。

〈初心者バレーボール教室の指導案〉
　① 教室の目標

a．バレーボールを「いかに仲間と一緒になって味方のコートにボールをおとさないようにつなぐか，さらに，いかに相手コートに落とすようにするかをボールを通して表現し楽しむ」という押さえ方をする。

　　b．ゲームを予想した指導展開をする。

　　c．参加者同士の活動を多く取り入れる。

　　d．十分な運動量を確保する。

② 活動パターン

2人組で互いにボールを出し合いながら展開する。

　　a．ボールキャッチ

　　　ボールに対しての反応や，ボディコントロールを身につける。

　　b．からだの正面でのキャッチ

　　　aの練習から発展させて，必ずからだの正面でキャッチさせるようにする。

　　c．ボールの返球

　　　腕を軽く伸ばして飛んできたボールを手首の所に当てて返す。これにより，ボールが手に当たる感覚，ボールを良く見る習慣を身につける。

　　d．ボールをつなげる

　　　cの練習を発展させて連続して行う。

　　e．4人組でボールをつなげる

　　　4人組でdの練習を行う。ボールや仲間との位置関係を頭に入れる。仲間と声を掛け合いながら協力する。

③ 活動の流れ

前述の活動パターンは，一般的にはアンダーハンドパスの練習である。それをベースにして，

　　a．頭上にきたボールへの対応

　　b．相手コートにどう入れるか

等々の問題を解決していく技術を少しずつレベルアップしていく。

④ 配慮する点

　　a．オーバーハンドパス，アンダーハンドパスなど既成の技術や言

葉にとらわれず，ボールとの関係やからだの使い方（ボディコントロール）を大切にする。

b．なぜそのような活動をするのか目標を理解させ，参加者同士評価し合えるようにする。

c．教室後も自主的に活動できるように，教室期間中に自主的な展開ができるようにする。

### 4） 高齢者スポーツ教室「のんびり，ゆっくり，にっこりと」

高齢者スポーツ教室

高齢者のスポーツというと，ゲートボールといわれるほど，高齢者の間にゲートボールが普及している。しかし，最近は，ゲートボールだけでなく，健康体操のような教室にも積極的に参加してくる高齢者が多くなっている。

あるスポーツ教室では，次のような内容の教室を行い，高齢者から喜ばれている。

① 教室の目標

a．健康であることの喜びを知る。

b．日常生活に張りを持つ。

c．からだを動かす喜びを知る。

② プログラムの柱

a．準備体操

b．ジョギング

c．健康体操

d．スポーツ

③ 配慮する点

a．教室ノートを形成する

教室の目標や約束，係分担などを盛り込む。さらに，反省欄や健康表も入れ，参加者の健康状態をチェックできるようにする。

b．ニュースの発行

指導者の考えを述べたり，活動ぶりを紹介する。欠席者にも郵送する。励みになると共に欠席の不安解消にもなっている。

c．グループ活動をすすめる

参加者同士で活動できるように，グループ指導を積極的に取り入れる

　　d．語らいの場を設ける

活動後にジュース等を飲みながら，お互いくつろいだ雰囲気で話ができるようにする。

【参考文献】
1）森川貞夫『地域スポーツ活動入門』大修館書店，1988年
2）馬場哲雄『生涯スポーツのさまざま』一橋出版，1999年
3）日本体力相談士会編集『スポーツ相談Q＆A』ぎょうせい，1990年
4）社会体育研究会編集『新編　体育指導委員実務必携』第一法規出版，1988年

# まとめ

1. スポーツを行う目的の多様化から，生涯スポーツの充実および指導者の養成など地域スポーツ活動の充実が必要である。
   - 初心者でも上級者でもスポーツの楽しさが味わえる活動を保障すること。
   - スポーツの内的条件による問題や施設の問題などを解決することが重要。
2. 1980年代後半，旧体育局に生涯スポーツ課ができ，保健体育審議会の答申で「生涯スポーツの充実」が掲げられた。
3. 1988年から旧文部省，都道府県，日本体育協会，日本レクリエーション協会および全国体育指導委員連合主催のスポーツレクリエーション祭が開催された。
4. ニュースポーツとは「国内外を問わず最近生まれたスポーツ」「諸外国で古くから行われていたが，最近わが国で普及したスポーツ」「既存のスポーツ，成熟したスポーツのルール等を簡略化したスポーツ」を包含したものである。
5. ニュースポーツの特徴は，技術の習得が容易なため，すぐにゲームを楽しむことができ，年齢，性別を問わずに活動できることである。
6. スポーツクラブとはスポーツ愛好者の自発的あるいは一定規範のもとでスポーツ活動を実施すると共に会員相互の親睦を深める社交的な団体を指す。
7. 総合型地域スポーツクラブとは，地域において子どもから高齢者までのさまざまなスポーツ愛好者が参加できる総合的なスポーツクラブである。
8. 日本のスポーツを維持発展させるには，社会状況にあわせてクラブ自体を変化させる必要があり，クラブ間の連合，協力が重要である。
9. 地域スポーツクラブの今後の課題として次のことがあげられる。
   - 組織・機構の面
   - スポーツ行政施策面
   - 公共スポーツ施設の整備と拡大
   - 指導者の育成

## まとめ

10 スポーツ指導者は実技指導はもとより運動生理学などの知識を身につけ,市民のニーズにこたえるだけの力量が必要である。

好ましくない指導者とは,以下のような者である。
- 自分の経験で指導を行う
- 科学的に指導できない
- 周囲の状況が把握できない
- 自分は偉大である,または頼りにされていると思っている
- 上手な人にしか目が行かない

11 指導者に求められるもの
- 参加者の目的・動機を把握できる能力がある
- どのように指導するか将来的展望を持つ
- 理論的,科学的に指導が行え,それを伝える表現力を持つ
- 周囲の状況を的確に判断し,客観的に対応できる能力を持つ
- 1人ひとりを大切にし,公平な指導力を持つ
- 全ての人がスポーツの主人公として「自主的・自発的」にスポーツができるように育てる指導力を持つ

12 これからの指導者は,スポーツの素晴らしさを伝え,地域でのスポーツの輪を少しでも広げていくことが求められる。そのためには,研修会,講習会などに参加し視野を広げることが必要である。

13 地域の人の目的に応じたプログラムを作成する必要がある。
- スポーツ教室の開催
- スポーツ大会の開催
- レクリエーション大会やスポーツフェアなどの開催

## まとめ

14 幼児を対象にした教室では，子どもの発育発達に応じた目標，活動の目安が必要であり，保護者に対して指導方針を明確に示すことが大切である。

15 婦人体操教室では，ダイエット，健康の維持増進，疾病予防と目的が多岐にわたるが，安全に楽しく継続できるよう配慮する必要がある。

16 どの活動においても参加者が自ら楽しく参加および運営できるよう工夫する必要がある。

## ● 重 要 語 句 集 ●

### ■ ア 行

| 語句 | 頁 |
|---|---|
| ISL (International Sport and Leisure) | 21 |
| IMG (International Management Group) | 22 |
| IOC | 18 |
| ICSPE | 33, 34 |
| アイデンティティ | 14 |
| アゴン | 30 |
| アドベンチャースポーツ | 46 |
| アベリー・ブランデージ | 18 |
| アマチュア | 31 |
| アマチュア規定 | 31 |
| アマチュア条項 | 18 |
| アマチュアリズム（amateurism） | 38 |
| アメニティ | 40 |
| アメリカニズム | 40 |
| アメリカンモダニズム | 42 |
| アレア | 30 |
| アレン・グートマン | 8 |
| イギリス・ナショナル・ライフル協会 | 39 |
| 医食同源 | 49 |
| イリンクス | 30 |
| ウォルフェンデン・リポート | 39 |
| 運動栄養センター | 49 |
| 運動不足病 | 5 |
| エアロビクス（Aerobic Work） | 43 |
| エチケット | 32 |
| エリア・サービス | 77 |
| エリクソン | 15 |
| オリンピック東京大会 | 19 |
| オルガナイザー | 84 |

### ■ カ 行

| 語句 | 頁 |
|---|---|
| カールスバード決議 | 45 |
| 快適環境 | 40 |
| カイヨワ | 30 |
| 学校スポーツクラブ | 73 |
| 金儲け | 16 |
| 間接的参与 | 11 |
| 冠大会 | 22 |
| 貴族的フィールドスポーツ | 40 |

| 語句 | 頁 |
|---|---|
| 教育文化専門委員会 | 63 |
| 競技規則 | 32 |
| 競技スポーツ | 9 |
| 凝集性 | 56 |
| 競争的遊戯 | 30 |
| 協調性 | 61 |
| キラニン | 19 |
| クーパー（K. H. Cooper） | 43 |
| クーベルタン | 17 |
| Quality of Life | 64 |
| 軽スポーツ | 72 |
| 継続教育 | 2 |
| ゲー・テー・オー（GTO） | 48 |
| ゲーム | 9 |
| ケニヨン | 11 |
| 健康教育（体育） | 1 |
| 健康増進体操 | 49 |
| 健康フィットネス産業 | 44 |
| 現代スポーツ | 5 |
| 公共スポーツ施設 | 77 |
| 高度な競技の業績達成型 | 76 |
| 公平，公明正大 | 34 |
| 高齢者スポーツ教室 | 94 |
| ゴールデンプラン（Der Goldene Plan） | 45 |
| 国際体育・スポーツ評議会 | 27 |
| 国民的スポーツ | 41 |
| 個人的属性 | 12 |
| 個性化 | 61 |
| 国家体育委員会運動医学研究所 | 49 |
| 国家体育運動委員会 | 48 |
| コミュニケーション構造 | 54 |
| COM ムーブメント | 39 |
| 五輪憲章 | 18 |
| 五輪マーク | 21 |

### ■ サ 行

| 語句 | 頁 |
|---|---|
| サマランチ会長 | 21 |
| The Open | 39 |
| CCPR (The Central Council of Physical Recreation) | 39 |

| | | | |
|---|---|---|---|
| JOC | 19 | スポーツ活動を取り巻く外的な条件 | 70 |
| ジェントルマン（紳士） | 38 | スポーツ観 | 29,35 |
| ジェントルマン教育 | 37 | スポーツ技術 | 35 |
| ジェントルマンシップ | 33 | スポーツ規範 | 29,30,35 |
| 自主的・自発的活動 | 69 | スポーツ教育 | 33 |
| 市町村の社会体育行政 | 85 | スポーツ行事 | 87 |
| 疾病予防体操 | 49 | スポーツ教室 | 85 |
| 市民スポーツ課 | 75 | スポーツクラブ | 73 |
| 社会化（socialization） | 11 | スポーツ参加（Sport Participation） | 10 |
| 社会化の状況 | 12 | スポーツ参与（Sport Involvement） | 10 |
| 社会教育・社会体育行政 | 75 | スポーツ指導 | 36 |
| 社会教育法 | 1 | スポーツ事物 | 35 |
| 社会体育 | 1 | スポーツ集団 | 54 |
| 社会体育指導者派遣事業 | 78 | スポーツ手段論 | 29 |
| 社会体育指導者付与制度 | 78 | スポーツ障害 | 6 |
| 社交・連帯価値 | 30 | スポーツ振興 | 22 |
| 集団 | 54 | スポーツ振興法 | 78 |
| 集団維持型 | 58 | スポーツ政策 | 36 |
| 集団規範 | 55 | スポーツ制度化 | 9 |
| 重要なる他者 | 12 | スポーツ宣言 | 33,34 |
| 首長部局 | 75 | スポーツ戦術 | 35 |
| 生涯学習 | 2,14 | スポーツ大会 | 86 |
| 生涯学習論 | 1,63 | スポーツ的社会化 | 11 |
| 生涯教育 | 2,63 | スポーツドロップアウト | 13 |
| 生涯スポーツ | 14 | スポーツによる社会化 | 12 |
| 生涯スポーツの充実 | 68,71 | スポーツの語源 | 7 |
| 生涯スポーツ推進 | 71 | スポーツの主人公 | 70 |
| 商業オリンピック | 19 | スポーツの楽しさ | 69 |
| 商業化政策 | 21 | スポーツの内的条件 | 70 |
| 商業主義 | 16 | スポーツの文化化 | 65 |
| 少子高齢化 | 10 | スポーツのマナー | 32 |
| 小集団 | 54 | スポーツバーンアウト（燃え尽き症候群） | 13 |
| 消費的活動 | 29 | Sports For All | 37 |
| 勝利主義 | 6 | "Sports For All" ムーブメント | 39 |
| 職場スポーツクラブ | 73 | スポーツ物的事物 | 35 |
| 初心者バレーボール教室 | 92 | スポーツ・プラム・ムーブメント | 39 |
| ジョッキークラブ | 38 | スポーツプログラム | 76 |
| ジレ | 8 | スポーツ・プロフェッショナリズム | 31 |
| 身体・人格形成価値 | 30 | スポーツ文化 | 26 |
| ステートアマ | 47 | スポーツへの再生社会 | 13 |
| スペクテイタースポーツ | 41,43 | スポーツへの社会化 | 11 |
| スポーツ・アマチュアリズム | 31 | スポーツマンシップ | 33 |
| スポーツカウンシル | 37 | スポーツ目的論 | 30 |

| | |
|---|---|
| スポーツリーダーバンク事業 | 78 |
| スポーツ・レクリエーション祭 | 71 |
| Trimm dich durch Spot（スポーツを通してトリムを） | 46 |
| suport | 7 |
| するスポーツ | 5 |
| 成員 | 57 |
| 生活習慣病 | 5 |
| 生活福祉論 | 2 |
| 生産性 | 56 |
| 青少年の体力に関する大統領評議会 | 43 |
| 成人教育 | 2 |
| 勢力構造 | 55 |
| 全英オープン | 39 |
| 全国健康福祉祭 | 71 |
| 専制型 | 58 |
| 全ドイツ・ツルネン連盟 | 45 |
| 全米フットボールリーグ | 42 |
| 早期ドロップアウト | 6 |
| 総合型スポーツクラブ | 77 |
| 総合型地域スポーツクラブ | 74 |
| ソウル五輪 | 22 |
| ソシオメトリック構造 | 54 |
| 組織的な教育活動 | 1 |

■ タ 行

| | |
|---|---|
| 体育指導員 | 78 |
| 体育・スポーツの発展に関する法律 | 47 |
| 第1の道 | 45 |
| 第1回オリンピック大会 | 17 |
| 大集団 | 54 |
| 体操祭 | 45 |
| 大統領，体力・スポーツ評議会（President's Council on Physical Fitness and Sport） | 43 |
| 第2の道（Zweiter Web） | 45 |
| 第8回ヨーロッパ・スポーツ閣僚会議 | 9 |
| 体力測定会 | 88 |
| 地域スポーツクラブ | 73 |
| 地域スポーツ指導者 | 84 |
| 地域スポーツの振興 | 68 |
| チームスピリット（team spirits） | 38 |
| チケット（入場券） | 32 |
| 中央教育審議会 | 14 |
| 中国武術 | 49 |
| 直接的参与 | 11 |
| ツール・ド・フランス | 46 |
| ツルネン（Turnen） | 44 |
| ツルネン禁止令 | 45 |
| ツルネンクラブ | 45 |
| ツルネン祭 | 45 |
| ツルネン促進運動 | 45 |
| desporte | 7 |
| disporte | 7 |
| TPOシステム | 21 |
| deporter | 7 |
| deportare | 7 |
| ドイツ統一チーム | 44 |
| 東西ドイツ | 44 |
| ドーピング | 6 |
| 土木オリンピック | 19 |
| トリム | 46 |
| トリムムーブメント | 39 |

■ ナ 行

| | |
|---|---|
| 長野冬季オリンピック | 19 |
| ナショナル・バスケット協会 | 42 |
| ニクソン大統領 | 43 |
| 西ドイツ（ドイツ連邦共和国） | 44 |
| 21世紀のスポーツのあり方 | 3 |
| 21世紀に向けたスポーツ振興の基本計画 | 71 |
| にせアマチュア | 18 |
| 日常生活における楽しみ型 | 76 |
| 日本体育協会 | 74 |
| ニュースポーツ | 71 |
| 『人間の発達課題と教育』 | 63 |
| 認知的スポーツ参与 | 11 |
| ねんりんピック | 71 |

■ ハ 行

| | |
|---|---|
| ハヴィガースト | 63 |
| 発達課題 | 63 |
| パブリックスクール | 7, 33 |
| パリ・ダカール・ラリー | 46 |
| ピーター・ユベロス | 20 |
| 東ドイツ（ドイツ民主共和国） | 44 |
| 肥満 | 5 |

| | |
|---|---|
| ヒューマニティー | 36 |
| 評価的な次元 | 11 |
| フィジカル・トレーニング | 39 |
| フィジカルフィットネスムーブメント | 43 |
| フィジカル・レクリエーション | 39 |
| フェアプレー | 33,38 |
| フェアプレーに関するフランス委員会 | 34 |
| 婦人体操教室 | 89 |
| フットボール協会 | 39 |
| フランス・オリンピック・スポーツ国家委員会（CNOSF） | 46 |
| プランナー | 84 |
| プリーフェクト・ファギング制度 | 7 |
| ブルジョワジー | 7 |
| プレー・ザ・ゲーム | 38 |
| プログラム・サービス | 76 |
| プロスポーツ | 41 |
| プロスポーツ選手長者番付 | 41 |
| プロフェッショナル | 31 |
| 文化化（enculturation） | 11 |
| 文化的特性 | 27 |
| ヘルシンキ五輪 | 17 |
| ベルリンの壁崩壊 | 44 |
| ホイジンガ | 30 |
| 法的規範 | 31 |
| 保健体育審議会 | 71,78 |
| ホルスト・ダスラー | 21 |

■ マ 行

| | |
|---|---|
| マルクス・レーニン | 44 |
| ミミクリー | 30 |
| 見るスポーツ | 5 |
| 民間スポーツクラブ | 73 |
| 民主型 | 58 |
| みんなのスポーツ | 45 |
| メジャーリーグ | 41 |
| メンバー | 57 |
| 目標達成型 | 58 |
| 目標達成への参加状況 | 62 |
| モチベーション | 60 |
| モラル | 56 |

■ ヤ 行

| | |
|---|---|
| ヤーン（F. L. Jahn） | 44 |
| 役割，地位構造 | 55 |
| 遊戯価値 | 30 |
| 遊戯論 | 30 |
| ユネスコ | 27 |
| 幼児体育教育教室 | 89 |
| ヨーロッパ会議（Council of Europe） | 39 |
| ヨーロッパ Sports for All 憲章 | 39 |

■ ラ 行

| | |
|---|---|
| リーダー | 57 |
| リーダーシップ | 57 |
| リーダーの資質特性 | 59 |
| リスボン宣言 | 9 |
| リンカーンのデモクラシー宣言 | 64 |
| ロイヤル・アンド・エンシェントクラブ | 38 |
| ロイヤル弓術家協会 | 39 |
| ロサンゼルス大会 | 20 |

■ ワ 行

| | |
|---|---|
| ワールドシリーズ | 41 |

〈著者紹介〉　　　執筆順，＊印編者

＊八木田恭輔（やぎた・きょうすけ）
　　1938年生まれ
　　1960年　日本体育大学体育学部体育学科卒業
　　1998年より1年間オーストラリアメルボルン大学へ研究留学
　　元　　　大阪経済大学人間科学部教授
　　　　　　日本陸上競技連盟S級審判員
　　　　　　関西学生陸上競技連盟副会長


土岐一成（とき・かずなり）　　　　　第1,4章
　　1967年生まれ
　　1990年　大阪体育大学体育学部体育学科卒業
　　現　在　大阪保健福祉専門学校教務部長／健康科学科学科長
　　　　　　関西専門学校体育連盟専務理事
　　　　　　健康運動指導士
　　　　　　スポーツプログラマー
　　　　　　ヘルスケアートレーナー
　　　　　　生涯学習インストラクター
　　　　　　介護予防運動トレーナー
　　　　　　日本トレーニング指導者協会上級トレーニング指導者


安部惠子（あべ・けいこ）　　　　　　第2章
　　1959年生まれ
　　1982年　武庫川女子大学文学部教育学科体育専攻卒業
　　1999年　大阪教育大学大学院教育学研究科健康科学専攻修士課程修了
　　2005年　兵庫教育大学大学院連合学校教育学研究科教科教育実践学専攻博士課程修了
　　現　在　プール学院大学国際文化学部子ども教育学科教授


笠原良亮（かさはら・りょうすけ）　第3章
　　1960年生まれ
　　1981年　大阪体育大学体育学部体育学科卒業
　　現　在　大阪ハイテクノロジー専門学校スポーツ科学科学科長


山口典孝（やまぐち・のりたか）　　第5章
　　1965年生まれ
　　1989年　関西学院大学商学部経営学科卒業
　　2004年　放送大学大学院文化科学研究科修士課程修了
　　現　在　大阪医療福祉専門学校専任講師
　　　　　　関西学院大学大学院人間福祉研究科受託研究員
　　　　　　日本陸上競技連盟医事委員会トレーナー部会トレーナー
　　　　　　日本ボディビル連盟公認指導員

| スポーツ社会学 〈やさしいスチューデントトレーナーシリーズ　1〉 | ≪検印省略≫ |
|---|---|

2002年6月1日　第1版第1刷発行
2011年6月30日　第1版第3刷発行

監　修　社団法人　メディカル・フィットネス協会

編　者　八木田恭輔

発行者　中　村　忠　義

発行所　嵯　峨　野　書　院

〒615-8045　京都市西京区牛ヶ瀬南ノ口町39　電話 (075)391-7686　振替 01020-8-40694

© Medical Fitness Association, 2002　　　創栄図書印刷・藤原製本

ISBN978-4-7823-0356-6

---

Ⓡ〈日本複写権センター委託出版物〉
　本書の全部または一部を無断で複写複製（コピー）することは，著作権法上での例外を除き，禁じられています。本書からの複写を希望される場合は，日本複写権センター (03-3401-2382) にご連絡下さい。

◎本書のコピー，スキャン，デジタル化等の無断複製は著作権法上での例外を除き禁じられています。本書を代行業者等の第三者に依頼してスキャンやデジタル化することは，たとえ個人や家庭内の利用でも著作権法違反です。

# やさしい スチューデント トレーナー シリーズ

## 1 スポーツ社会学
八木田恭輔 編
B5・並製・114頁・1995円（本体1900円）
- 第1章　社会体育の基本的な考え方
- 第2章　スポーツと社会
- 第3章　スポーツと文化
- 第4章　スポーツと組織活動
- 第5章　地域とスポーツ活動

## 2 スポーツ心理学
中雄　勇 編
B5・並製・180頁・2520円（本体2400円）
- 第1章　スポーツ心理学の内容
- 第2章　スポーツと認知・反応
- 第3章　スポーツ技能の学習
- 第4章　スポーツ技能の指導
- 第5章　スポーツの動機づけ
- 第6章　スポーツと発達
- 第7章　スポーツ集団の構造と機能
- 第8章　スポーツマンの性格と態度
- 第9章　スポーツの心理的効果
- 第10章　スポーツ・カウンセリング
- 第11章　スポーツコーチの仕事

## 3 スポーツ生理学
三村寛一 編
B5・並製・134頁・2310円（本体2200円）
- 第1章　身体の構造
- 第2章　身体の機能
- 第3章　スポーツトレーニング
- 第4章　トレーニングに伴う効果
- 第5章　バイオメカニクス
- 第6章　筋力トレーニングの基礎
- 第7章　トレーニング環境の整備とその活用について
- 第8章　ナショナルトレーニングチームづくりとその競技力アップトレーニング計画
- 第9章　海外遠征の諸問題とその対応

## 4 スポーツ医学
藤本繁夫・大久保　衞 編
B5・並製・186頁・2625円（本体2500円）
- 第1章　スポーツと健康
- 第2章　スポーツ選手の健康管理
- 第3章　スポーツによる内科的な障害
- 第4章　特殊環境下でのスポーツ障害とその予防
- 第5章　スポーツ選手におこりやすい外傷・障害とその予防
- 第6章　スポーツ外傷・障害後のトレーニング
- 第7章　コンディショニング
- 第8章　遠征でのスポーツ医学
- 第9章　スポーツと嗜好品，サプリメント，薬物
- 第10章　救急処置

## 5 スポーツ栄養学
奥田豊子 編
B5・並製・160頁・2520円（本体2400円）
- 第1章　健康と栄養
- 第2章　食品・栄養と運動
- 第3章　栄養素の消化・吸収
- 第4章　エネルギー代謝
- 第5章　日本人の食事摂取基準
- 第6章　身体組織，肥満とウエイトコントロール
- 第7章　スポーツのための食事学
- 第8章　水分補給と補助食品

## 6 スポーツ指導論
三村寛一 編
B5・並製・136頁・2205円（本体2100円）
- 第1章　スポーツ指導の意義と目標
- 第2章　トレーニング計画とその様式
- 第3章　指導段階とその設定
- 第4章　指導形態と適正人数
- 第5章　指導施設の選択と用具の準備
- 第6章　指導計画作成の実際

## 7 アスレティック・リハビリテーション
小柳磨毅 編
B5・並製・216頁・2993円（本体2850円）
- 第1章　アスレティック・リハビリテーション総論
- 第2章　部位・疾患別リハビリテーション
- 第3章　競技特性とリハビリテーション

## 8 コンディショニング
小柳磨毅 編
B5・並製・148頁・2415円（本体2300円）
- 第1章　コンディショニング
- 第2章　ストレッチングの実際
- 第3章　PNFの実際
- 第4章　関節モビリゼーションの実際
- 第5章　スポーツマッサージの実際
- 第6章　アイシングの実際
- 第7章　コンディショニングのための測定法

## 9 テーピング
髙木信良 編
B5・並製・112頁・2310円（本体2200円）
- 第1章　テーピングとは
- 第2章　テーピングを実施する前に
- 第3章　テーピングの基本テクニック
- 第4章　基本となる巻き方
- 第5章　応急手当のテーピング
- 第6章　再発予防のテーピング